탐라순력도 따라 **제주 역사 여행**

◆ 일러두기

『탐라순력도』에 표기된 한자에 한글로 음을 달았습니다.

음 밑에 지금 지명은 〔 〕로, 뜻풀이는 ( )로 구분하여 적었습니다.

탐라순력도 따라 제주 역사 여행

글 김은하   그림 김홍모

작가의 말
제주의 역사를 돌아보다

아름다운 섬 제주! 제주는 누구나 한 번쯤 가 보고 싶어 하고, 한 번 다녀오면 그 아름다움에 반해 계속 찾게 되는 곳이지요. 어디를 가면 더 멋진 풍광을 볼 수 있는지, 어떻게 하면 더 재미있게 여행할 수 있을지 소개하는 사람들도 많이 봅니다. 그에 비하면 역사 문화에 대해 이야기하는 경우는 적은 것 같아요. 역사를 공부할 때도 고려 말 삼별초에 관한 일 말고는 제주도가 등장하는 일이 별로 없고 말이지요.

제주에 살며 이곳저곳 다니다 보니 곳곳에서 역사의 흔적들과 마주치게 되었고, 조금 더 관심을 기울이니 그저 멋진 풍경이었던 곳이 역사의 현장으로 다가왔지요. 그런 이야기를 모아 제주의 역사에 관한 책을 만들어 보고 싶다는 생각이 차츰 커졌어요. 지금 우리가 수려한 풍광을 즐기는 이곳에서 어떤 일들이 있었을까, 지금 우리가 느끼는 아름다움을 옛사람들도 똑같이 느꼈을까 그런 것들이 궁금했지요.

제주에 관한 기록들을 뒤지며 좀더 생생하게 역사를 이야기할 수 있는 방법이 없을까 궁리하다가 『탐라순력도』를 이용해 보면 좋겠다는 생각을 했습니다. 『탐라순력도』는 1701~1704년 제주목사를 지냈던 병와 이형상(1653~1733)이 제주도를 순력한 뒤 그 일을 화공에게 시켜 그림으로 남겨 놓은 거예요. 순력이란 지방 관리가 관할 구역을 돌면서 이것저것 살펴보는 일이에요. 『탐라순력도』에는 당시 제주의 세 고을인 제주목, 정의현, 대정현은 물론 섬을 지키던 곳곳의 방어 시설과 명승지 등을 둘러보는 목사의 모습이 생생하게 담겨 있습니다.

우리도 이 『탐라순력도』를 따라 섬을 한 바퀴 돌아보는 거야, 그때 모습이 그대로 남아 있진 않겠지만 있으면 있는 대로 없어졌다면 그 흔적을 찾으며 제주의 역사를 돌아보자, 그런 생각을 한 거지요.

이 책은 먼저 제주목사의 순력 이야기를 들어 보고, 우리가 현장을 다시 찾아보면서 그 내용을 설명하는 식으로 구성했어요. 목사가 만났던 제주의 모습이 지금과 어떻게 다른지 혹은 그대로 남은 것은 무엇이 있는지 비교해 보는 것도 좋을 거예요.

이야기에 나오는 주인공 목사는 어떤 특정 인물은 아닙니다. 목사가 공무를 보고, 순력을 돌고, 또 경치를 즐기는 모습은 제주에 관해 옛사람들이 남긴 여러 기록을 참고해서 엮은 거랍니다. 『남환박물』이나 『지영록』처럼 제주목사를 지냈던 분이 남긴 글은 물론이고 나랏일로 출장 왔던 관리의 기록, 유배 왔던 선비가 남긴 글, 제주를 여행하고 적은 글 등을 두루 참고했습니다. 그래도 목사가 파악한 제주도의 상황에 대해서는 여러 시대가 섞이면 안 되니까 고을 규모와 주민 수, 목장과 방호소들의 현황, 나라에 바치는 공물의 양 등은 이형상 목사의 기록을 기본으로 삼았습니다.

300년 전 이야기이다 보니 지금과 제도가 다르고 어려운 낱말도 많은데, 최대한 쉬운 말로 풀고 설명하고자 노력했습니다.

이 책이 계기가 되어 제주도를 여행할 때 그곳의 역사에도 좀더 관심을 갖게 된다면 좋겠습니다. 제주에 살고 있는 독자라면 언제든 현장을 찾아가 보는 것도 좋겠네요.

김은하

차례

제주는 어떤 곳인가

12   멀고도 멀어라 제주 가는 길
            제주에 대한 역사 기록들
            제주에는 언제부터 사람이 살았을까

20   거친 바람 검은 바위가 먼저 반기네
            화산이 만든 섬
            기온이 높고 바람이 많은 날씨
            돌, 바람, 여자가 많은 섬

32   제주의 중심 제주목에 도착하다
            제주를 움직이는 중심 공간, 제주목
            제주도에서 가장 오래된 건물, 관덕정

40   제주읍성 일대를 돌아보다
            제주성의 흔적을 찾아서
            문묘와 향교
            제주 역사가 시작된 곳, 삼성혈

50   용연과 용두암을 감상하다
            가까이 찾아가는 비경 용연과 용두암
            제주를 대표하는 으뜸 경치들

60   제주의 명산 한라산에 오르다
            은하수가 가까이 보인다는 한라산
            오백 장군의 전설이 깃든 영실
            존자암과 산천단

순력 행차와 함께 제주 한 바퀴

74 **화북진** : 제주도를 지키는 방어 시설들
제주도 2대 관문 중 하나였던 화북포구
외적으로부터 제주도를 지킨 방어 유적
김정 목사 공덕비와 해신사

82 **조천포구** : 제주에는 어떤 포구들이 있나
조선 시대 제주의 대표 항구, 조천
왜 화북포구와 조천포구에서만 배가 떴을까

90 **김녕사굴** : 기이한 땅속 세상을 구경하다
눈처럼 흰 모래가 있는 김녕 해변
김녕사굴과 만장굴

100 **별방진** : 활쏘기로 인재를 선발하다
제주도 동쪽 바다를 지키던 별방진성
인재 선발의 기준이 되었던 활쏘기

108 **우도** : 목장을 점검하다
누워 있는 소처럼 보이는 섬, 우도

116 **성산** : 바다 위로 떠오르는 해를 보다
해돋이로 이름난 성산

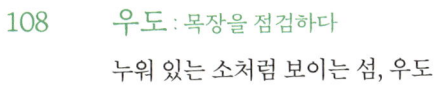

124 **정의현** : 제주에는 왜 장수하는 사람이 많은가
성읍 민속 마을로 더 알려진 정의읍성
왕권을 상징하는 공간, 객사
고을마다 생김새가 다른 돌하르방

134 **서귀진** : 제주 남쪽 바다의 섬들
제주 남쪽의 중심지, 서귀포
서귀포 앞바다의 섬들

144 **서귀포 폭포들** : 바다 가까이에서 떨어지는 폭포들
바다로 곧장 떨어지는 정방 폭포
울창한 난대림 속의 천지연 폭포
그윽한 골짜기 속의 천제연 폭포

154 **산방산** : 바닷가에 둥글게 솟은 바위산
산방산과 용머리 해안
산방굴사, 가파도, 마라도
사람 발자국이 화석으로 남아 있는 곳

164 **대정현** : 유배인의 흔적을 찾아서
대정읍성 흔적 찾기
대정은 가장 험한 유배지

172 **명월진** : 손에 잡힐 듯 가까운 비양도
명월성과 마주 보이는 비양도
애월진성과 삼별초 유적지

제주 사람이 져야 했던 짐

184 목숨 걸고 건너는 바닷길
표류 이야기를 기록해 놓은 글들
최초로 우리나라를 유럽에 소개한 책 『하멜 표류기』

192 나라에 바칠 말을 점검하다
나라에 바치던 말과 검은 소
말을 다루는 테우리
천연기념물로 보호하는 제주마

200 제주도 곳곳의 말 목장들
말이 태어나면 제주도로
제주도 목장은 어떻게 운영되었나

208 감귤이 향기롭고 달기만 할까
고대부터 재배해 온 제주도의 귤
백성에게 고통이 되었던 귤나무
종류도 많고 양도 많았던 공물들

218 제주를 떠나다
오기도 가기도 힘든 제주

224 찾아보기
226 사진 제공 및 출처

예전에는 관리가 제주목사로 임명되면 우선 임지로 가는 것부터 문제였다.
한양에서 제주까지는 거리가 먼 데다 무엇보다 큰 바다를 건너야 했기
때문이다. 오늘날에는 비행기를 타고 한 시간 정도면 갈 수 있으니
잘 상상이 안 되는 일이다. 과연 목사 앞에는 어떤 길이 펼쳐졌을까?
제주는 어떤 곳이었을까?

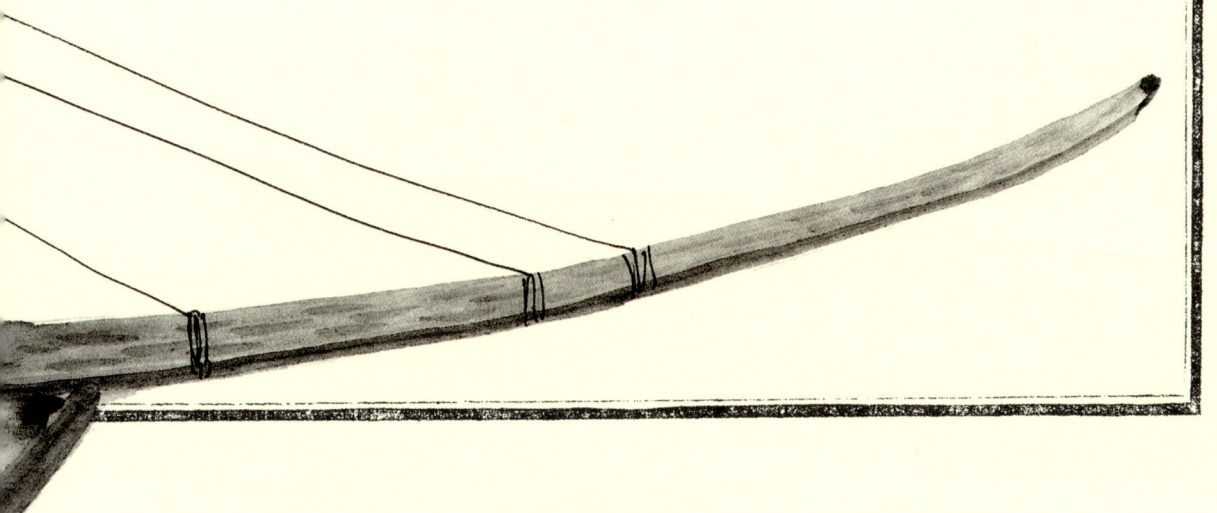

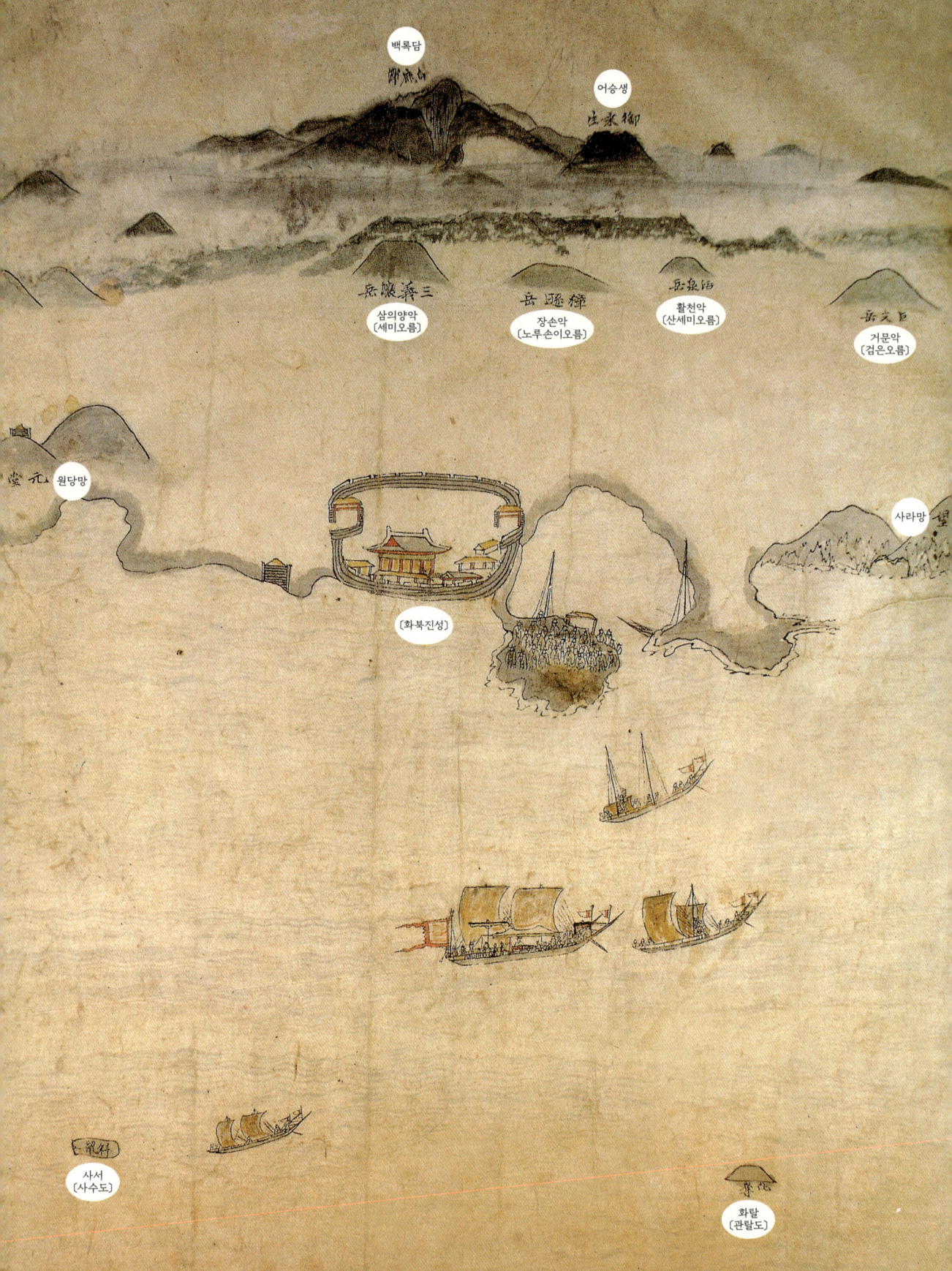

멀고도 멀어라 제주 가는 길

제주도

바람을 가르며 배는 남으로 남으로 내려갔다. 뱃사람들은 수시로 바람을 가늠하고 돛을 살피며 분주하게 움직였다. 우리 일행이 탄 배는 모두 세 척으로 내가 탄 배가 가장 컸고 좌우에서 보조선들이 앞서거니 뒤서거니 함께 바람을 탔다.

아직 1월이라 겨울바람이 제법 매웠지만 안에만 있기에는 갑갑해 뱃머리에 나와 앉았다. 해남에서 막 출발했을 때는 섬들 사이를 이리저리 빠져나오느라 분주했는데, 이제는 아무리 멀리 보아도 물과 하늘뿐, 말 그대로 망망대해였다.

바람이 불고 눈보라가 날리며 배가 출렁거렸다. 사람들이 모두 멀미 때문에 배 밖으로 고개를 내밀고 괴로워했다. 그런데도 뱃사람들은 오늘

「호연금서」 보길도에서 한라산을 바라보면서 호연한 마음으로 거문고를 타며 책을 읽는다는 뜻의 그림이다. 몇 척의 배가 화북포구로 들어오고 있고, 목사 일행을 맞이하기 위해 사람들이 기다리고 있다.

처럼 바다를 건너기 쉬운 날은 드물다고 했다. 제주 큰 바다를 건너기란 대체 얼마나 어렵단 말인가! 한양에서부터 나를 수행한 비장 배충식은 입을 헤 벌린 채 바다를 바라보다가 고개를 절레절레 저었다.

"저는 어질어질해서 정신을 차릴 수가 없습니다. 부임지로 가는 일부터가 이리 고역이니 나리의 고충이 크시겠습니다요."

배 비장의 말이 아니더라도 제주목사는 벼슬아치들이 별로 반기지 않는 자리다. 제주도로 임지가 정해지면 금방 파도에 휩쓸리기라도 할 것처럼 두려워하면서 어떻게든 핑계를 만들어 피하려고 한다. 오죽하면 제주 벼슬길을 귀양살이에 비유하는 사람까지 있을까! 하지만 아랫사람에게 그런 이야기를 할 수는 없는 법. 이야기를 다른 데로 돌렸다.

"혹시 제주도에 대해 아는 것이 있느냐?"

"소인 같은 사람이 무얼 알겠습니까. 그저 제주의 옛 이름이 탐라이고, 전라도에 속하지만 남해 멀리에 떨어져 있다는 정도만 알 뿐입지요."

나는 출발 전 제주에 대해 읽은 것을 배 비장에게 들려주며 먼 길 가는 지루함을 달래 보았다. 배는 그럭저럭 순조롭게 앞으로 나아갔고, 추자도를 지날 때쯤 날이 저물기 시작했다. 해가 완전히 바다 속으로 가라앉았는데도 사공은 배를 멈출 생각을 하지 않았다. 어둠 속에서 바다를 건너는 게 불안해 배를 멈추라고 하자, 사공은 전혀 다른 말을 했다.

"추자도를 지났으니 이제 본격적으로 제주 큰 바다가 시작됩니다. 여기서부터는 섬도 하나 없어서 만에 하나 바람을 잘못 만나면 중국이나 일

비장 : 조선 시대 감사나 목사 같은 지방관을 따라다니며 일을 돕던 사람.

본까지 떠내려가기 십상입지요. 그래서 제주로 가는 길 중에 이 바다를 건너는 일이 가장 어렵습니다. 그런데 지금 바람이 좋으니 서둘러 가려는 것입니다. 게다가 날이 밝은 다음 출발하면 자칫 해 질 녘에 도착할 텐데, 제주 바다는 돌이 많아서 어두워진 뒤에 배를 대면 위험합니다."

말을 듣고 보니 과연 그럴 듯했다. 더구나 바다의 일은 뱃사람들이 누구보다 잘 알 터이니 사공의 뜻을 따르기로 했다. 둥둥둥 북소리가 밤바다에 울려 퍼지고, 그 소리에 맞추어 뱃사람들이 힘을 다해 노를 저었다. 피곤에 지쳐 까무룩 잠이 들었다가 깨기를 수차례, 배 비장이 기쁜 목소리로 도착했다고 외치는 소리가 들렸다. 하지만 불빛이 보이고서도 한참 지난 뒤에야 배는 제주도에 도착했다.

오호, 드디어 제주도에 도착했구나!

✽ 제주에 대한 역사 기록들

조선 시대에는 제주도에 제주목사를 비롯해 판관, 대정현감, 정의현감 등을 파견했고, 필요에 따라 그때그때 임무를 띤 관리를 내려 보냈어. 제주도로 파견된 관리들은 부임지로 가는 일부터가 만만치 않았어. 제주도 가는 배는 전라도 남쪽 끝 해남이나 영암에서 출발했는데 한양에서 여기까지 가는 데에만 한 달 남짓 걸렸어. 제주도 가는 배를 탄 뒤에도 바람이 제대로 불지 않으면 몇 날 며칠씩 걸리곤 했지.

중앙에서 제주도에 관리를 파견하기 시작한 것은 고려 시대 말부터인데, 그 이전의 역사에 대해서는 남아 있는 기록이 별로 없어.

역사에 등장하는 제주도의 옛 이름으로는 탐라(耽羅)가 가장 많고 탐모라(耽牟羅), 탐부라(耽浮羅), 탁라(乇羅), 둔라(屯羅) 등의 이름도 보여.

『삼국사기』에 처음 기록이 보이는데 백제 문주왕 2년(476) 4월에 "탐라국에서 토산물을 바쳐 오자 왕이 기뻐하여 그 사신을 은솔로 임명하였다."는 내용이야. 은솔은 백제의 관직 이름이야. 또 동성왕 20년(498) 8월에는 "탐라에서 공납과 조세를 바치지 않자 왕이 직접 치려고" 하다가 "사신을 보내 사죄하므로 중지했다."라고 해.

신라에게는 탐라가 경계해야 할 적이었어. 선덕 여왕 때 황룡사에 구층 목탑을 세웠는데 부처의 힘으로 외적을 물리치겠다는 기원을 담은 거였어. 이 탑의 각 층은 신라를 위협하는 외적을 상징했는데, 4층이 탐라였대. 하지만 백제가 멸망한 뒤 탐라는 문무왕 2년(662) 신라에 항복했고, 소성왕 2년(800) 신라에 사신을 보내 조공했다는 기록이 보여.

또 탐라국 시조인 고을나의 15대 후손 고후가 두 아우와 함께 찾아와 조회하자 왕이 기뻐하면서 첫째를 성주로, 둘째를 왕자로, 막내를 도내로 삼았다는 기록이 『고려사』에 남아 있어. 그런데 신라가 융성하던 시절이라고만 되어 있고 어느 왕인지는 적혀 있지 않아 정확한 시기는 알 수 없어.

고려 태조 21년(938)에도 탐라국 태자에게 성주 왕자 작위를 내렸다는 것을 보면, 성주와 왕자가 탐라국을 다스리는 실질적인 지배 계급이었음을 알 수 있어.

탐라국은 고려 숙종 10년(1105) 전라도 탐라군으로 바뀌었고, 한때 탐라현이 되었다가 충렬왕 21년(1295) 제주목으로 개편되면서 중앙에서 목사와 판관을 파견하기 시작했지.

조선 시대 초기까지는 중앙에서 관리가 파견되더라도 성주와 왕자가 실질적인 권한을 행사했는데 태종 2년(1402)부터 그 지위를 잃게 돼.

태종 16년(1416)에는 제주목 남쪽을 동서로 나누어 정의현과 대정현을 설치했고, 조선 시대 내내 제주목, 정의현, 대정현 이 세 고을이 유지되었어. 그러다가 1946년 전라남도에서 분리되어 별도의 제주도(道)가 되었고, 2006년 7월 제주특별자치도가 되어 지금에 이르고 있어.

시조 : 한 겨레나 가계의 맨 처음이 되는 조상.
성주(星主) : 신라 때부터 조선 전기까지 탐라의 우두머리를 이르던 말.

✻ 제주에는 언제부터 사람이 살았을까

글로 기록된 제주의 역사는 5세기부터 알 수 있어. 그럼 제주도에는 언제부터 사람이 살았을까? 제주도에서 사람이 살았던 흔적 중 가장 오래된 것은 애월읍 어음리에 있는 빌레못 동굴 유적이야. 동굴 안에서 갈색곰, 대륙사슴 같은 동물 뼈 화석과 함께 석기가 발견되었는데 석기의 형태로 보아 중기 구석기 유적으로 보고 있어. 또 서귀포시 천지연 폭포 하류의 바위그늘 유적인 생수궤 유적에서는 2만 5000년 전 것으로 보이는 후기 구석기 유물들이 발굴되었지.

제주시 고산리 유적지는 기원전 8000년경 유적지로 우리나라 신석

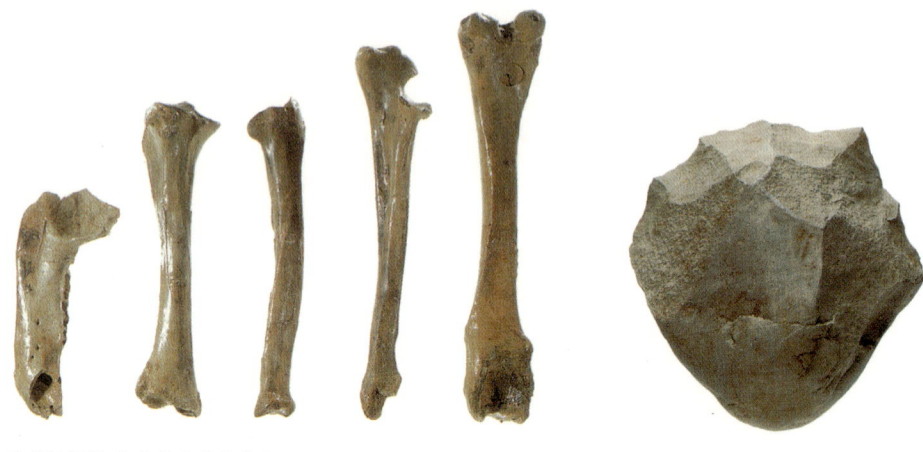

빌레못 동굴 안에서 발견된 갈색곰 뼈와 외날찍개

기 유적지 중에서 가장 오래된 곳이야. 구석기에서 막 신석기로 넘어가는 과정을 보여 주는 곳으로 우리나라의 초기 신석기 문화가 형성되는 과정을 밝히는 데 중요한 곳이야. 석기 9만 9000여 점과 토기 조각 1000여 점이 출토되었지. 특히 이곳에서 나온 토기는 흙 속에 식물 줄기를 섞어서 만든 것으로 다른 지역에서는 발견된 적이 없는 독특한 방식이야.

제주시 북촌리에서는 후기 신석기인 기원전 1000년경부터 탐라 시대까지 여러 시대에 걸쳐 사용된 주거 유적이 발견되었고, 삼양동에서는 초기 철기 시대 집터 230여 기가 모여 있는 대규모 마을 유적이 발견되었어. 삼양동 유적지는 선사 문화를 체험할 수 있는 전시관으로 조성되어 있으니 제주도에 가게 되면 찾아가 보면 좋을 것 같아.

고산리 덧무늬 토기와 그릇 표면에 식물 흔적이 뚜렷하게 남아 있는 토기 조각

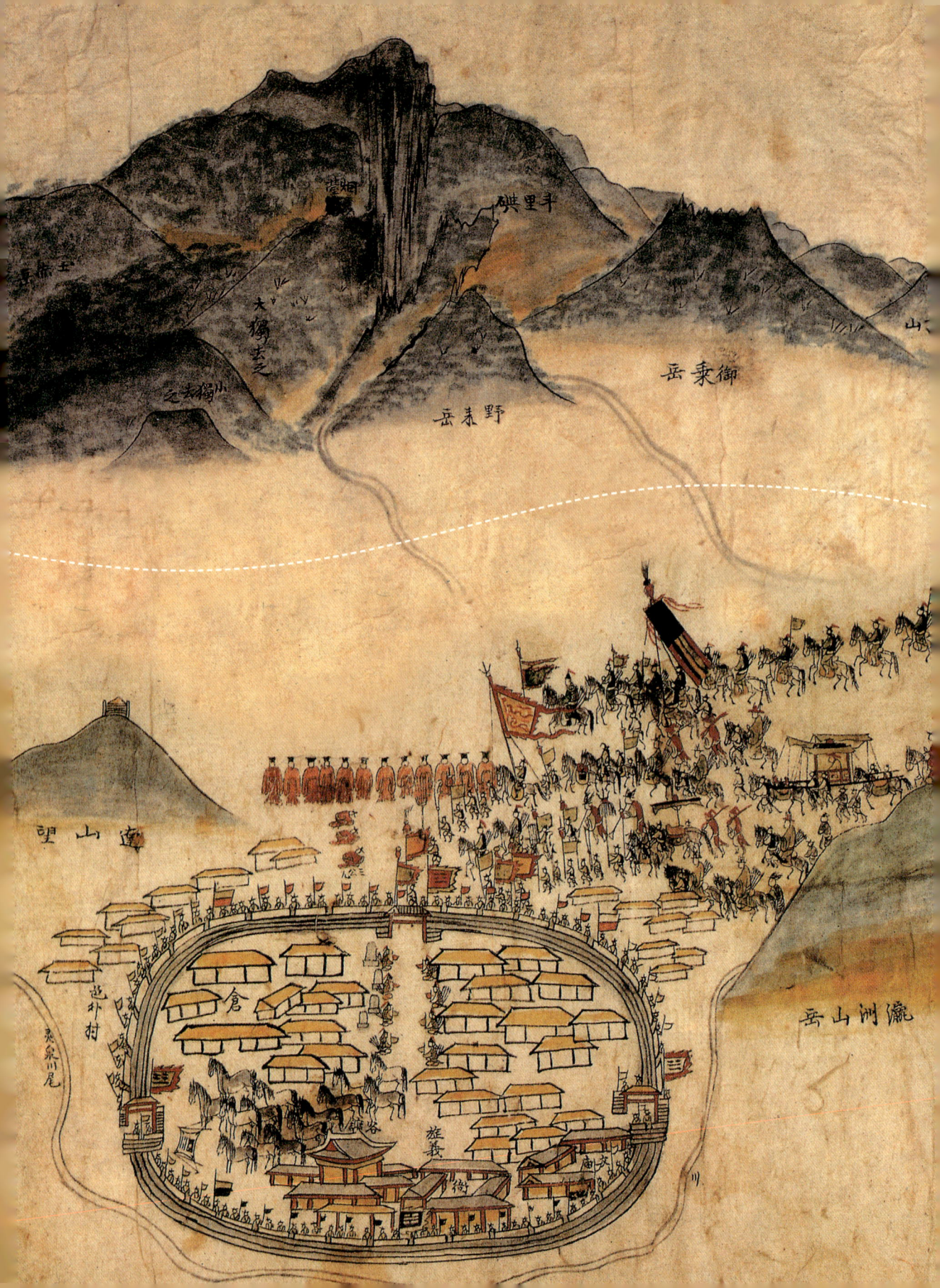

거친 바람 검은 바위가 먼저 반기네

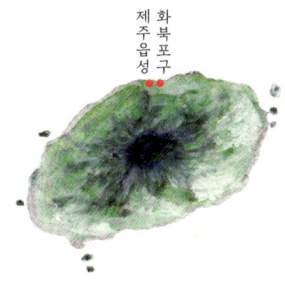
화북포구
제주읍성

땅을 밟으니 안도감이 밀려왔다. 배를 내린 화북포구에서 제주성까지는 다시 십 리를 가야 한다. 뱃멀미도 진정할 겸 잠시 휴식을 했다.

"오호라!"

무심코 바다 쪽을 보다 나도 모르게 탄성이 터져 나왔다. 바닷가의 바위들이 모두 숯처럼 시커먼 게 아닌가! 모양 또한 별났는데 나무를 울퉁불퉁 깎아 놓은 듯, 기둥을 촘촘히 세워 놓은 듯, 밀가루 반죽을 휘저어 놓은 듯 기묘한 모습이었다.

일꾼들이 분주히 움직이고 있고 이방은 계속 뭔가를 지시하고 있는데 와글와글하는 소리만 들릴 뿐 당최 무슨 말인지 알아들을 수 없었다. 정 궁금한 것은 아전들에게 물어 간신히 알 수 있었다.

「제주조점」(위)과 「정의조점」(아래) 중앙에 우뚝 솟은 한라산과 주변 오름들을 배경으로 제주목사가 지나고 있다. 목사의 행차 모습이 어땠을지 짐작해 볼 수 있다.

가마 앞뒤에서 말이 끄는 쌍가마에 올라 제주성을 향해 출발했다. 얼마 안 되는 거리지만 제주성까지 가면서 본 섬의 모습은 낯설고 신기한 것투성이였다.

고개를 돌리니 멀리 우뚝 솟은 산이 보이고 그 등성이 곳곳에 작은 봉우리들이 솟아 있었다. 가장 높은 것은 한라산이요, 주변의 수많은 봉우리들은 이곳 말로 '오름'이라고 했다. 오름이란 것들은 등성이가 없이 밋밋했는데 꼭 평지가 솟아오르다 만 것 같았다.

한라산을 가만히 바라보노라니 산에서 신묘한 기운이 감도는 것이 **삼신산**의 하나로 꼽히는 이유를 알 것 같았다.

겨울인데도 숲이 푸르게 우거진 곳이 많아 신기한 생각이 들었다. 군데군데 보이는 밭에도 푸릇푸릇 풀들이 돋아 있고, 밭과 밭 사이에는 검은 돌을 쌓아 경계를 표시했다. 특이하게도 밭 가운데 돌로 네모나게 울타리를 쳐 놓은 곳들이 보이는데 그 안에 봉분 같은 것이 있었다. 이곳은 밭 가운데다 묘를 쓰는 것일까?

낯선 풍경에 신기한 마음도 잠시, 가마가 어찌나 흔들리는지 간신히 진정된 속이 다시 울렁거리기 시작했다.

"가마가 어찌 이리 요동을 치는 것이냐?"

나도 모르게 버럭 역정을 내고 말았다.

"나리, 죄송합니다. 조심하겠습니다."

가마꾼들이 머리를 조아리며 사죄했지만 흔들림은 멈추지 않았다.

삼신산 : 신선이 살고 있다는 전설 속의 세 산으로 봉래산, 방장산, 영주산이라고 했다.
우리나라에서는 금강산을 봉래산, 지리산을 방장산, 한라산을 영주산으로 생각해 왔다.

길에 돌이 많아서 말이 자꾸 돌부리에 걸려 비틀거렸던 것이다. 여전히 배에 있는 듯한 착각이 들 지경이었지만 어찌하리오. 그저 참을 수밖에.

엎친 데 덮친 격으로 갑자기 하늘이 컴컴해지더니 눈보라가 치기 시작했다. 바다 쪽을 보니 집채만 한 파도가 바위를 덮칠 듯 밀려왔다. 시커먼 바위와 부딪쳐 부서지는 하얀 파도가 묘한 대비를 이루었다.

제주성이 가까워질 즈음에는 다행히 눈보라가 그치고 날이 개었다. 하늘은 언제 그랬냐는 듯 멀쩡한 모습이지만, 멀리 보이는 오름 자락들은 그새 덮인 눈으로 희끗희끗했다.

날이 포근하다 싶더니만 이렇게 순식간에 뒤바뀌는구나!

✱ 화산이 만든 섬

"다른 나라에 온 것 같아!"

"여기 정말 우리나라 맞아?"

제주도에 처음 온 사람들이 흔히 하는 말이야. 본토에서는 볼 수 없는 색다른 경치 때문에 이런 말을 하는 건데, 제주도의 경치가 유달라 보이는

곳곳에 솟아오른 오름들

건 화산섬이기 때문이야.

    제주도를 만든 화산 활동은 180만 년 전 바닷속에서 시작되었어. 뜨거운 마그마가 물을 만나면 급격히 식으면서 잘게 부서지는데, 이 화산 활동이 100만 년 동안 계속되어 화산재가 쌓이고 쌓여 섬이 만들어졌어. 그 뒤 몇십만 년 동안 섬 전역에서 용암이 분출되어 넓고 큰 땅이 만들어졌어.

    용암 분출은 서서히 섬 중심부 쪽으로 옮겨 가 한라산이 만들어졌고, 그 주변에 있던 작은 화산들이 터지면서 오름들이 생겨났어. 제주도의 독

제주도 어디에서나 볼 수 있는 현무암들

특한 풍경을 만드는 것들 중 하나가 이 오름들이야.

　제주도에서는 어디를 가든 구멍이 뽕뽕 뚫린 검은 현무암을 볼 수 있어. 현무암의 구멍은 용암이 식을 때 그 속에 들어 있던 공기가 빠져나가면서 생긴 거야. 제주도 하천들은 이런 현무암 사이를 흐르다 보니 물이 쑥쑥 빠져 버리고 잘 고이지 않아. 그래서 제주도 하천들은 대부분 평소에는 말라 있다가 비가 많이 내렸을 때만 잠깐씩 흘러.

　화산섬답게 제주도는 어디를 가든 돌이 많아. 돌로 집 벽도 쌓고 울타리도 둘러. 밭과 밭 사이에 경계를 지어 놓은 것도 돌담이고, 무덤 주위에도 돌담을 둘렀어. 이 돌담은 풀어놓고 기르는 말이나 소가 들어가지 못하게 막는 역할을 해.

* 기온이 높고 바람이 많은 날씨

제주도를 색다르게 만드는 또 다른 요인은 기후야. 제주도를 다녀간 옛사람들의 글 중 날씨에 관한 것을 보면 늘 따뜻하다, 겨울에도 나무들이 푸르다, 꽃이 피고 지는데 제철이 없다, 뜰에 눈이 가득한데 나비가 날아온다, 봄여름에는 안개가 자욱하게 끼어 지척을 분간할 수 없다, 겨울에도 벌레들이 죽지 않아 괴롭다 하는 내용들이야.

제주도는 우리나라에서 가장 남쪽에 있고 근해에 난류가 흐르기 때문에 대체로 따뜻해. 섬 북쪽에 위치한 제주시의 연평균 기온이 15.3℃이고 남쪽의 서귀포시는 16.7℃야. 특히 서귀포는 1월에도 평균 기온이 6.0℃에 이르지. 서울의 연평균 기온이 12.5℃이고 1월 평균 기온이 0℃ 내외인 것과 비교해 봐. 비도 우리나라에서 가장 많이 오는 곳으로 연 강수량이 1600~1800밀리미터(mm) 정도야. 기후가 이러니 일 년 내내 푸른 난대림이 우거지고 겨울에도 벌레들이 살아 돌아다닐 수밖에.

제주도 날씨를 이야기할 때 꼭 빠지지 않는 게 바람이야. 일 년 내내 바람이 불고 특히 겨울철에는 초속 10미터를 예사로 넘겨. 다른 계절에도 태풍과 저기압이 지나는 길목에 있다 보니 바람이 자주 불어서 본토와 교통이 끊어지는 일이 많아.

바람 때문에 제주도에서는 집을 낮게 짓고 초가지붕이 날아가지 않도록 새끼줄을 가로세로로 묶어 놓곤 했지.

지붕 모습과 함께 제주도 전통 가옥에서 특이한 것이 정낭이야. 대문이 없는 대신 기다란 나무를 양쪽의 돌기둥 사이에 걸쳐 놓는 건데, 잠깐 외출할 때는 정낭을 하나 올리고 오랫동안 집을 비울 때에는 세 개를 올려. 대문이 없다는 것은 도둑이 없다는 것이겠지? 또 제주도에는 거지도 없어서 제주도를 삼무도(세 가지가 없는 섬)라고도 해.

대문 대신 걸쳐 놓은 정낭과 새끼줄로 단단히 묶어 놓은 지붕

* 돌, 바람, 여자가 많은 섬

제주도를 대표하는 표현으로 삼다도라는 말이 있는데 세 가지가 많은 섬이라는 뜻이야. 두 가지는 앞서 말한 돌과 바람이고, 나머지 하나는 여자야. 제주도에 가 보면 돌이 많고 바람이 많이 부는 건 금세 알 수 있는데, 정말로 여자가 더 많았을까?

1793년경 편찬된 읍지를 보니 제주도 인구 6만 4518명 중 남자는 2만 7863명이고 여자는 3만 6665명으로 남녀 비율이 43 대 57이야. 정말 차이가 많이 나지? 오늘날에는 인구의 남녀 비율이 비슷하고 오히려 남자가 조금 더 많다고 해.

제주도에 여자가 많았던 건 남자가 바다에 나갔다가 죽는 일이 많아서였대. 그래서 섬에 남자의 무덤이 적었고, 아들을 낳으면 물고기 밥이 될 거라며 서운해했대. 제주도 속담 중에는 "딸 나면 돼지 잡아 잔치하고 아들은 궁둥이를 팍 찬다."는 말까지 있어.

사정이 이렇다 보니 남자들이 할 일까지 여자들이 떠맡아야 했어. 곡식 장만이며 땔감 마련은 물론 비상시에는 남정 대신 성을 지키는 일까지 한다고 해서 여정이라는 말까지 있었을 정도야. 남정은 의무적으로 군대에 간 열여섯 살 이상의 남자들을 부르는 말이야.

바다 일도 여자들이 했는데 맨몸으로 물속에 들어가 전복, 소라, 미역 같은 것을 따는 방식이었어. 이 일을 하는 사람을 잠녀 혹은 잠수라고 했

읍지 : 한 고을의 연혁, 지리, 인물, 산업, 문화, 풍속 같은 것을 기록한 책.

는데 지금은 해녀라는 말을 많이 써. 해녀는 우리나라와 일본에만 있고, 우리나라에서는 대부분 제주도에 있어.

지금도 제주도 바닷가에 가면 해녀들이 물속을 들락날락하며 작업하는 모습이 보여. 그 근처에 있으면 한 번씩 호오이~ 하며 휘파람 소리 같은 게 들리는데, 꾹 참았던 숨을 한꺼번에 내쉬느라 그런 소리가 나는 거야. 이것을 숨비소리라고 해. 해녀들이 하는 일을 물질이라고 하는데 젊은 사람 중에는 이 힘든 일을 하려는 사람이 없어서 지금 해녀들은 거의 나이 많은 할머니들이야.

물질을 시작하는 해녀들

제주 해녀 박물관과 전시 모습

　제주시 구좌읍에는 해녀 박물관이 있어 해녀의 생활과 문화에 대해 자세히 알아볼 수 있어. 박물관 앞의 넓은 터는 해녀 항일 운동 기념 공원으로 만들었어. 박물관과 마주한 곳에는 제주 해녀 항일 운동 기념탑이 서 있는데 1932년 일제의 수탈에 맞서 해녀들이 주도하고 전개해 나갔던 항일 운동을 기리기 위한 거야. 제주도에 가면 함께 둘러보면 좋을 거야.

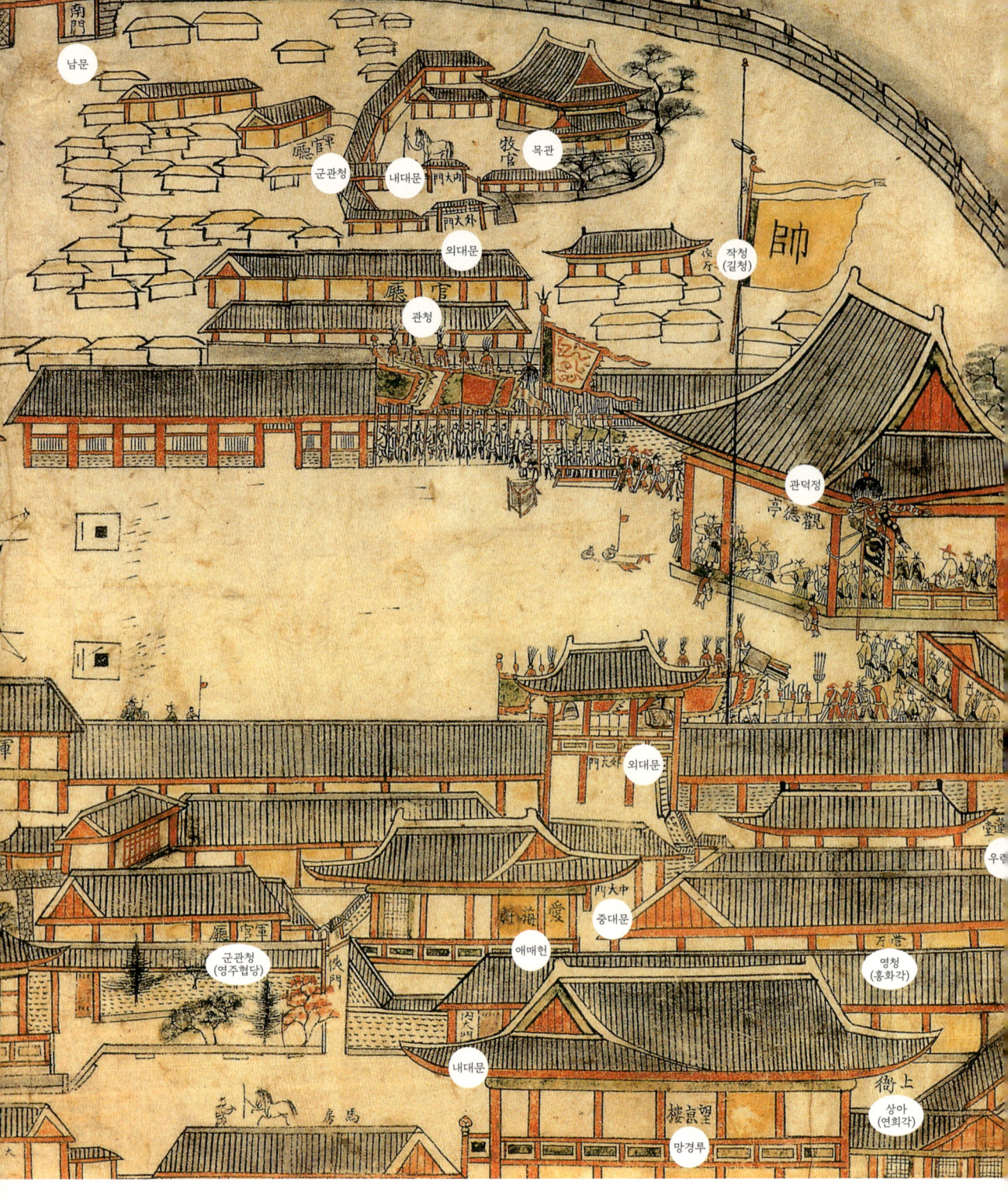

「제주사회」 관덕정에서 활쏘기 모임을 하는 모습이다. 외대문부터 망경루까지 제주목 관아를 자세히 그렸다. 그림 위쪽의 또 다른 관아는 목사의 부관격인 판관이 업무를 보는 제2관아이다. 두 관아 사이에 아전들의 집무처인 작청(길청)을 비롯해 여러 관청들이 모여 있다.

제주의 중심
제주목에 도착하다

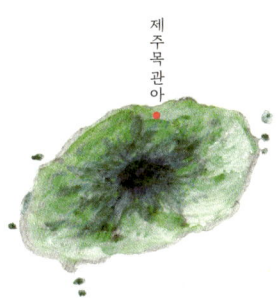
제주목 관아

섬은 겨울인데도 푸른 나무들이 많아 눈길을 끌었다.
"과연 듣던 대로고!"
신기한 마음으로 바라보는데 군데군데 열매를 달고 있는 나무들이 보였다. 가마를 멈추게 하고 자세히 살펴보니 귤나무였다.
귤나무들은 키가 한 길 남짓으로 그리 큰 편은 아니었지만 줄기가 기둥처럼 굵은 것이 드문드문 보였고, 울퉁불퉁한 가지들이 서로 얽힌 모습은 마치 용이 꿈틀거리는 듯했다.
"귤나무를 이리 가까이 보다니, 내가 정말 제주도에 온 것이로구나."
신기한 마음에 귤나무를 이리저리 살피다 나도 모르게 중얼거렸다.
그런데 어찌하여 1월까지도 열매가 달려 있는 것일까?

아전에게 물으니 다른 귤들은 이미 나라에 바쳤고 청귤과 당유자가 남아 있는 것이라 했다. 귤의 종류가 꽤 많다더니 수확 시기도 저마다 다른 모양이다.

제주성에 도착한 순간, 나도 모르게 눈이 휘둥그레지고 말았다.

성벽이 온통 검은 돌로 쌓여 있었던 것이다. 지역에서 구할 수 있는 돌로 쌓다 보니 그리 된 것인데, 처음 보는 사람 눈에는 희한할 수밖에.

제주목 관아 앞에는 관덕정이 웅장한 모습으로 서 있었고, 그 앞 너른 마당에 아전과 하인들이 대기하고 있었다. 판관의 지휘 아래 군졸들이 일사불란하게 줄지어 섰고, 아전들이 소속별로 하인들을 점검하는 모습을 확인했다.

안으로 들어서니 아담한 연못과 정자가 먼저 보였다. 중대문 안으로 들어가니 절제사 집무처인 홍화각이 있고, 다시 내대문 안으로 들어가니 목사 집무처인 연희각이 나왔다. 맞은편에는 귤림당이라는 현판을 단 아담한 정자가 귤나무들을 배경으로 서 있었다. 가장 안쪽에는 2층 누각인 망경루가 서 있었다.

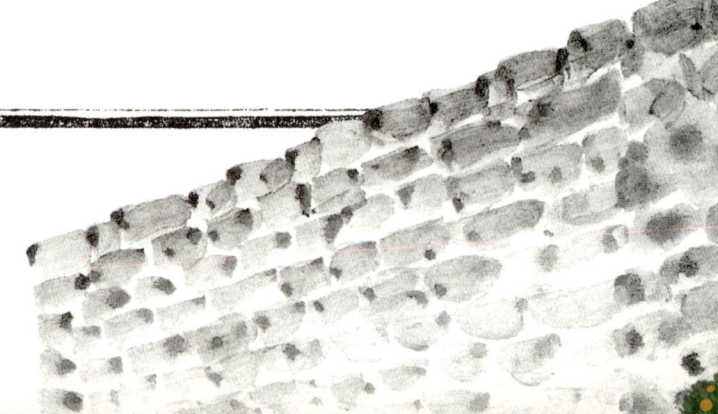

망경루에서는 제주 앞바다가 시원하게 한눈에 들어왔다. 혹시 외적이 쳐들어오나 감시하기에 좋고, 평소에는 바다를 바라보며 쉬기에도 좋은 곳이다.

망경루에서 바다까지는 수백 보에 불과하건만 그 너머 한양은 얼마나 멀지……. 문득 막막한 느낌이 들었지만 애써 그런 생각을 떨쳐 버렸다. 이곳이 비록 바다 건너 궁벽한 곳이지만 임금님의 은덕이 두루 미치도록 성심을 다하리라.

신기하게도 성벽이 죄 시커멓구나!

＊ 제주를 움직이는 중심 공간, 제주목

제주목은 조선 시대 제주도의 정치·행정·군사를 총괄하던 곳이야. 정의현과 대정현이 따로 있기는 했지만 목사는 정3품이고 현감은 종6품으로 실질적으로는 현감들이 목사의 관리를 받았거든.

제주목사는 병마수군절제사를 겸했는데 이 벼슬은 제주도에만 있던 거야. 지방 수령은 군사에 관한 벼슬을 겸하게 되는데 목사와 같은 3품 벼슬이 절제사야. 육군이면 병마절제사, 수군이면 수군절제사라고 하지. 그런데 제주도는 육지에서 멀리 떨어진 섬이다 보니 육군과 수군을 합쳐 병마수군절제사라는 특수한 자리를 둔 거지.

제주목 관아는 일제 강점기에 대부분 헐려 나갔다가 1999년부터 복원되고 있어. 옛 건물들이 모두 복원된 건 아니지만 어떤 관청들이 어떤 일을 했는지 살펴보기로 해.

먼저, 정문은 진해루라고도 하고 탐라포정사라고도 했는데 여느 관아와 마찬가지로 2층 누각이야. 2층에는 시각을 알리는 종과 북을 매달아 놓고 성문 여닫는 때를 알렸어. 정문에 담처럼 이어진 회랑에는 관아에 필요한 물건을 만드는 공방과 아전들의 거처가 있었고.

안으로 들어가면 우련당과 아담한 연못이 먼저 보여. 중종 21년(1526) 이수동 목사가 성안에 우물이 없으면 외적에 포위되거나 불이 났을 때 곤란하다며 파 놓은 연못이야.

복원된 제주목 관아

우련당과 중대문 주변으로 터만 남은 곳이 꽤 많은데, 본디 관청들이 있던 자리야.

제주영에 소속된 서리들이 일하는 영리장방, 세 읍의 호적을 보관하는 호적고, 심약이 거처하는 방, 관기와 악공들을 가르치는 교방, 관리들이 이용하는 말을 관리하는 마구간 등이 있었지. 심약은 조정에 필요한 약재를 구하기 위해 지방에 파견하는 관리로 제주도에는 한 명이 내려왔어.

중대문을 지나 가장 웅장한 건물은 홍화각으로 절제사가 근무하는 동헌이야. 홍화란 임금의 어진 덕이 백성에게 두루 미쳐 감화시키기를 빈다는 뜻이야. 홍화각 맞은편에 있는 영주협당은 군관이 근무하는 곳인데, 군관은 군사 관련 일을 맡아보던 관리로 지금의 장교를 생각하면 될 거야.

홍화각 뒤쪽의 연희각이 제주목사 동헌이고, 그 옆 빈터에는 목사가 생활하는 내아가 있었어. 내아는 지금으로 치면 관사에 해당하는 곳이야.

영주협당 뒤에는 귤림당이라는 현판을 단 작은 정자가 있어. 시를 짓기도 하고 술을 마시기도 하면서 쉬는 공간으로, 바로 뒤에 귤나무 과수원이 있어서 향기로운 꽃과 탐스러운 열매가 흥을 돋우어 주지.

가장 안쪽에는 2층 누각인 망경루가 있는데 제주 앞바다를 감시하는 망루야. 망경루에서 바다까지의 거리는 채 500미터도 되지 않지만 지금은 건물들에 가려 바다를 보기 힘들어.

✻ 제주도에서 가장 오래된 건물, 관덕정

제주목 관아 앞에는 관덕정이 늠름한 모습으로 서 있어. 관덕정은 제주도의 대표적인 정자이자 가장 오래된 건물로, 관아가 헐리고 없을 때에도 그 자리를 지키고 있었어. 세종 30년(1448) 군사 훈련을 위해 처음 세운 뒤 여러 차례 손질하여 고쳤고, 지금 건물은 1969년에 고친 거야.

관덕이란 이름은 '활을 쏘는 것은 훌륭한 덕을 보는 것'이라는 말에서 따온 거야. 활쏘기가 단순히 무예 훈련이 아니라 덕을 쌓는 방법이라고 생각했던 유학 사상을 보여 주는 이름이지.

지금은 도로 때문에 터가 옹색해졌지만 원래는 관덕정 앞이 너른 마당이어서 각종 행사가 이곳에서 열리곤 했어. 군사 훈련을 실시하고 과거 시험을 치렀으며 진상할 말을 점검하기도 했지. 오늘날에도 이곳에서 각종 집회나 선거 유세가 열리곤 해. 예나 지금이나 제주 시민들이 일이 있을 때마다 자연스럽게 모이는 광장 역할을 하는 곳이야.

    오늘날 관덕정 앞으로는 큰 도로가 지나고 그 건너편에는 건물들이 빼곡히 들어서 있지만, 조선 시대에는 이곳까지 모두 관아 터였어. 이곳에는 판관이 거처하는 제2의 관아가 있었는데, 목사가 있는 관아와 구별해 '이아'라고 했어. 판관은 목사를 돕는 부관에 해당하는 벼슬로, 목사가 문관인 데 비해 판관은 무관이었지.

관덕정

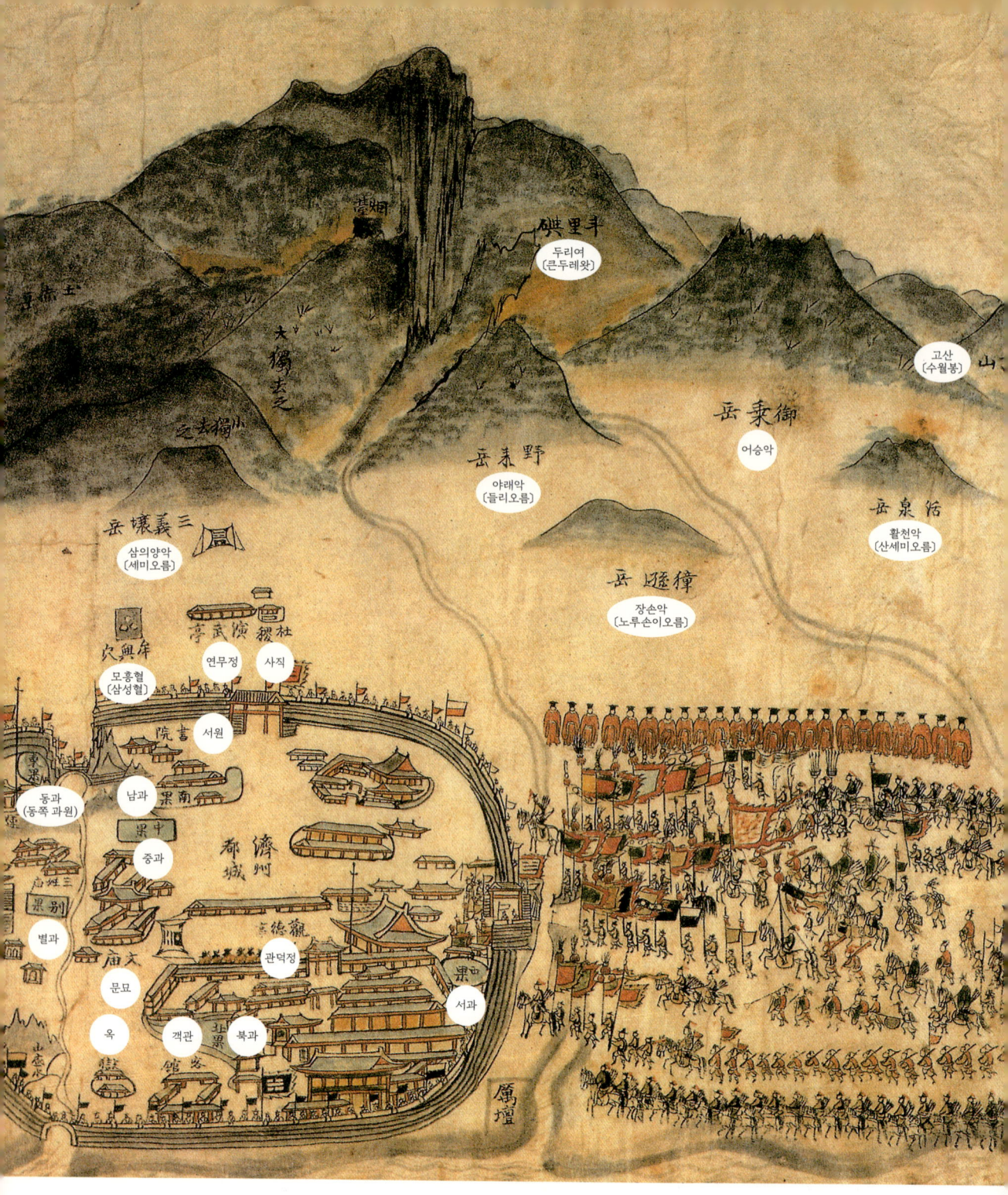

「**제주조점**」 제주읍성에서 군사 훈련과 군사 시설을 점검하는 모습이다. 제주읍성 안팎의 모습이 상세히 그려져 있어 제주시의 옛 모습을 짐작해 볼 수 있다.

제주읍성 일대를 돌아보다

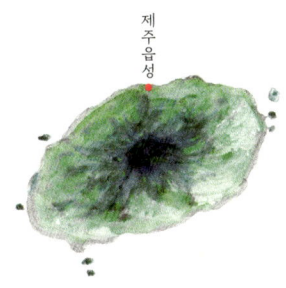
제주읍성

부임지에 가면 늘 그렇듯 제주에서도 문묘를 먼저 찾았다. 제주 향교에 가니 유생들이 기다렸다가 분향을 도왔다. 성현을 받드는 모습이 예법에 어긋나지 않고 품위도 있어 흡족했다. 문묘에서 분향을 마친 뒤에는 귤림서원을 찾아 유생들을 격려했다.

며칠 쉬고 난 뒤 본격적으로 제주목의 현황을 파악해 보았다.

"제주목의 규모는 어느 정도냐?"

"읍에 3개의 리가 있고, 동면·서면·남면의 마을까지 모두 95개입니다. 민가는 7319호가 있사옵니다."

"관아 창고에 곡식은 충분하렷다?"

"제주목에 3만 44섬이 있고, 별방진에 있는 동별창에 3만 2869섬, 명월진에 있는 서별창에 3만 3310섬이 따로 보관되어 있사옵니다."

"귤림당 뒤쪽으로 과원이 있던데, 읍성 안에 과원은 몇 개나 있느냐?"

"동서남북과 중앙에 있고 별과원까지 모두 여섯 곳입니다."

판관과 아전들에게서 이런저런 사항들을 보고 받은 뒤 관아 창고를 열어 장부에 적힌 것과 맞는지 확인해 보았다. 지방관으로 여러 곳을 다녔는데, 개중에는 아전들이 농간을 부려 장부에만 정리해 놓고 막상 창고에 곡식이 별로 없는 곳이 꽤 있었기 때문이다.

추위가 가신 뒤 본격적으로 제주읍성 시찰에 나섰다.

먼저, 동문 쪽으로 가니 성문 가까이에 산지천이 흐르고 그 한쪽에서 샘이 솟았다. 큰 돌 아래에서 물이 솟는데, 성안 백성들이 모두 이 물을 길어 먹는다고 했다. 한 바가지 떠서 먹어 보니 물이 달고 시원했다.

샘에서 멀지 않은 곳에 북수구가 보였다. 산지천이 제주읍성 안을 통과해 가기 때문에 성벽 아래로 물이 흐를 수 있게 남쪽과 북쪽에 각각 **수구**를 내놓은 것이다. 무지개문 아래로 맑은 냇물이 흘러 나가는 모습이 자못 시원해 보였다. 산지천에서는 은어와 숭어가 많이 잡힌다고 한다.

성문을 나서면 이내 바다에 이른다. 산지천이 바다로 흘러드는 이곳이 건입포인데, 고기잡이하는 집들이 몇 채 모여 마을을 이루고 있었다. 바닷가에 날카롭게 솟은 바위들을 보니 배를 대기 몹시 어려울 것 같았다.

방향을 바꾸어 남문 쪽으로 향했다. 남문 밖으로 3리쯤 떨어진 광양은 제법 너른 들이었고, 이곳에 군사들을 훈련시키는 연무정이 있었다.

수구 : 물을 흘려 내보내는 곳.

신통하게도 이곳 광양만은 제주의 다른 곳과 달리 평평하고 돌이 없었다. 덕분에 군사들을 훈련시킬 수 있으니, 가히 하늘의 도움이라 하겠다. 연무정에 올라 병사들이 훈련하는 모습을 지켜보았다.

　일정을 마치기 전 삼을나묘를 돌아보았다. 삼을나묘는 제주도 개국 시조인 양씨, 고씨, 부씨 세 시조를 모신 사당으로 모흥혈(삼성혈)에 있다. 앞선 목사들이 제주 역사를 연 시조들을 제대로 모시려고 모흥혈을 정비하고 사당까지 짓도록 했지만 제대로 제사를 모시지 않는 듯했다. 게다가 심방(무당)들이 찾아와 굿을 벌이는 일이 잦다고 하니 개탄스러울 뿐이다. 앞으로는 예법에 맞게 제를 올리도록 단단히 다짐을 두었다.

앞으로는 때를 맞추어 예를 갖추는 데 한 치의 소홀함도 없도록 하렸다.

✻ 제주성의 흔적을 찾아서

제주읍성 자리에는 탐라국 시대부터 성이 있었다고 하는데 오늘날 그 흔적을 찾기는 어려워. 조선 시대 읍성 역시 일제 강점기에 대부분 헐려 남아 있는 것이 별로 없고, 도시가 커지다 보니 오늘날에는 어디가 어딘지 짐작하기 힘든 곳이 많아. 그래도 제주성의 흔적을 차근차근 더듬어 볼까?

제주성은 태종 11년(1411)에 쌓았는데 동쪽의 산지천과 서쪽의 병문천을 자연 해자로 삼아 그 안쪽에 쌓았어. 처음에는 둘레 4394척에 높이 11척 규모라고 했는데 후대의 기록에는 둘레 5489척으로 되어 있어. 지금 단위로 하면 약 1330미터에서 1660미터로 길어진 건데, 산지천 밖으로 성벽을 확장해서 그래.

산지천은 일 년 내내 물이 흐르고 샘물이 풍부했지만 성 밖에 있다는 게 문제였어. 만에 하나라도 제주성이 외적에 포위된다면 물을 구할 수 없게 되잖아. 그러다 1555년 을묘왜변을 겪게 되자, 이런 문제를 극복하기 위해 이듬해 산지천 밖으로 성벽을 확장했지. 이렇게 되니 성안으로 하천이 흐르게 되었고, 이 물이 지나가도록 남북으로 수구를 만든 거야. 그런데 산지천이 성안에 있다 보니 큰비가 올 때마다 물이 넘쳐서 피해가 컸어. 그래서 이번에는 수해를 막기 위해 1780년에 옛 성벽이 있던 자리에 다시 벽을 쌓았다고 해.

산지천은 수도 시설이 갖추어지기 전에는 제주 시민의 중요한 식수원

해자 : 적의 침입을 막기 위해 성 주위에 둘러 판 못.

이었고, 수도가 보급된 뒤에는 빨래터로 이용되기도 했어. 도시가 빠른 속도로 커지면서 오염이 심해지자 산지천에 덮개를 씌워 겉에서는 보이지 않게 했다가 2002년 오늘날의 모습으로 복원했어.

산지천이 바다로 흘러드는 건입포는 일제 강점기부터 본격적으로 개발되면서 산지항으로 불리다가 다시 제주항으로 이름이 바뀌었어. 오늘날 제주항은 수천 톤급 화물선과 여객선이 드나드는 국제적인 무역항이 되었어.

제주성의 성벽

* 문묘와 향교

읍성과 그 주변에는 관아를 비롯해 고을의 주요 시설들이 들어서게 돼. 그 중 꼭 빠지지 않는 것으로 문묘를 들 수 있어. 문묘란 공자를 모신 사당을 말해. 공자의 제자들과 맹자를 비롯한 유교의 큰 인물들을 모시고, 우리나라 성현들을 함께 모시기도 해. 성현의 위패를 모신 건물을 대성전이라고 하는데, 중앙은 성균관에, 지방은 향교에 있었지.

나랏일로 가든 여행을 가든 다른 지방에 간 사대부들은 먼저 문묘부터 찾았어. 공자를 비롯한 여러 성현들에게 분향하며 존경의 뜻을 바치고 그 분들의 높은 뜻을 다시 한 번 마음에 새기기 위해서야.

향교는 오늘날 공립 중고등학교에 해당하는 교육 기관인데 1읍 1교라고 해서 고을을 설치할 때는 향교도 반드시 설립했지. 제주 향교는 제주목 관아에서 서쪽으로 400미터쯤 떨어진 곳에 있어.

향교와 함께 지방 교육을 맡았던 곳이 서원인데, 향교와 마찬가지로 성현들을 모시는 일을 중요하게 생각했어. 제주도의 귤림서원은 중종 때 기묘사화에 연루되어 제주도로 유배 왔다가 사약을 받은 충암 김정을 기리면서 시작된 곳이야. 뒷날 제주에 유배 왔거나 수령으로 부임했던 사람들 중 본받을 만하다고 생각되는 송인수, 김상헌, 정온, 송시열까지 더해 모두 다섯 분의 위패를 모셨더랬지.

귤림서원은 대원군이 전국의 서원들을 정리할 때 없어졌고, 그 자리

오현단과 복원된 귤림서원 장수당

는 오현단으로 바뀌었어. 서원은 없어졌지만 다섯 분을 계속 기리는 의미로 작은 돌기둥을 위패 대신 모셔 놓은 거야. 귤림서원에서 학생들이 공부하던 공간인 장수당이 오현단 가까이에 복원되어 있어. 오현단은 제주 도심에 있는데, 그 뒤의 성벽이 바로 얼마 남지 않은 제주읍성의 일부야.

* 제주 역사가 시작된 곳, 삼성혈

제주 역사와 관련해 빼놓지 않고 가 봐야 할 곳이 삼성혈이야. 삼성혈(모흥혈)은 제주도 개국시조로 알려진 양·고·부 세 을나가 솟아났다는 구멍이야. 이에 관한 이야기는 『고려사』에 전하고 있어.

태초에는 탐라에 사람이 없었는데 어느 날 세 신인이 땅에서 솟아 나왔다. 한라산 북쪽 기슭의 모흥혈이 바로 그곳이다. 세 신인은 양을나, 고을나, 부을나라고 했는데 거친 땅에서 사냥을 해 가죽옷을 입고 고기를 먹으며 살았다.

하루는 붉은 진흙으로 봉한 나무함이 떠내려와 동쪽 바닷가에 닿았다. 가까이 가서 열어 보니, 돌로 만든 상자가 들어 있고 자주색 옷에 붉은 띠를 두른 사자 한 명이 따라 나왔다. 돌상자에서는 푸른 옷을 입은 여인 세 사람이 망아지, 송아지와 함께 오곡 씨앗을 가지고 나왔다.

사자가 세 을나에게 아뢰었다.

"저는 일본국 사신입니다. 저희 왕께서 세 딸을 낳았는데 '서해 가운데 있는 산에 신의 아들 세 사람이 내려와서 나라를 열려고 하는데 배필이 없구나.' 하시며

세 신인이 땅에서 솟아 나왔다는 삼성혈

저에게 세 딸을 모시고 이곳으로 가라고 했습니다. 부디 배필을 삼아 큰 업을 이루소서."

말을 마친 사자는 홀연히 구름을 타고 가 버렸다.

세 사람은 여인들에게 장가든 뒤 샘물 맛이 좋고 땅이 비옥한 곳에 거처를 정했다. 이때 화살을 쏘아 땅을 정하였는데 양을나가 사는 곳을 제일도, 고을나가 사는 곳을 제이도, 부을나가 사는 곳을 제삼도라고 하였다. 세 을나는 이때부터 오곡을 파종하고 망아지와 송아지를 기르며 살았으니 날마다 부유하고 번성해졌다.

중종 21년(1526) 이수동 목사는 비를 세우고 돌담을 쌓아 삼성혈을 정비한 뒤 그 후손들에게 제사를 모시도록 했어. 하지만 제대로 지켜지지 않는 데다가 심방(무당)들이 찾아와 굿을 벌이는 일이 잦았다고 해.

숙종 24년(1698) 유한명 목사가 삼성혈 동쪽에 삼을나묘라는 사당을 세웠고, 뒷날 정조가 삼성사라는 편액을 하사했어. 이 사당은 대원군이 전국의 사당들을 철폐할 때 없어졌다가 삼성전이라는 이름으로 다시 지어졌지.

삼성혈은 지금도 제주 역사가 시작된 곳으로 신성시되고, 제주도 곳곳에 이 이야기와 관련된 장소가 남아 있어. 세 을나가 나무함을 발견한 곳은 지금의 성산읍 온평리 바닷가이고, 이곳에서 멀지 않은 곳에 공주들과 혼례를 올렸다는 혼인지가 있어. 세 을나가 각각 터전으로 삼았다는 땅은 제주시의 일도동·이도동·삼도동이라는 마을 이름에 흔적이 남아 있고, 화북동에는 세 을나가 땅을 정할 때 쏜 화살에 맞았다는 돌이 있어.

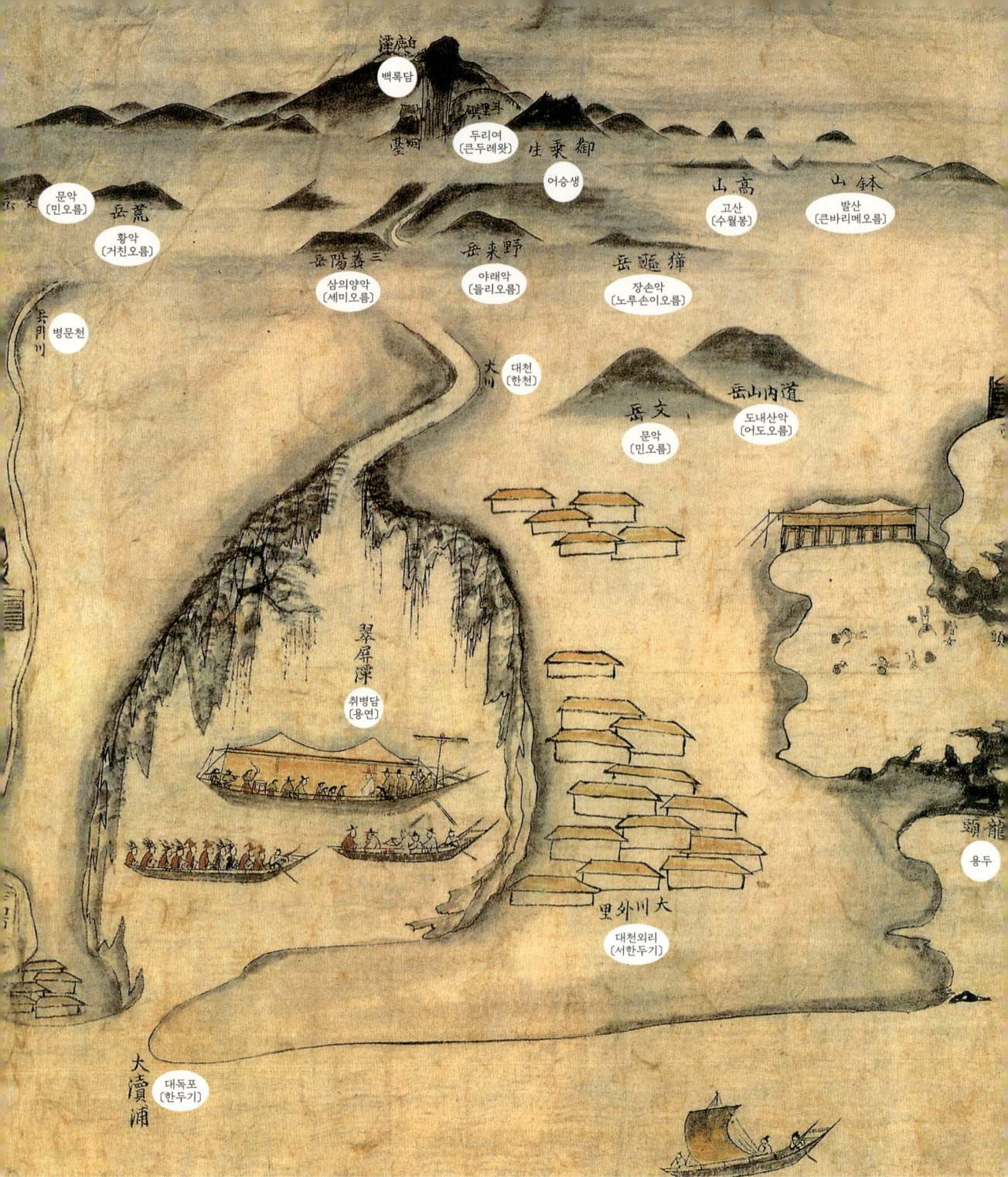

「병담범주」 용연에서 뱃놀이 하는 모습을 그린 그림이다. 용연 오른쪽에 있는 민가, 용두암 부근에서 해녀들이 작업하는 모습 등이 잘 나타나 있다.

용연과 용두암을 감상하다

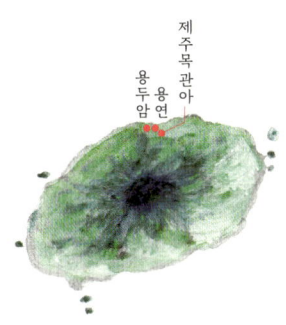

계절은 어느새 봄을 지나 여름으로 들어섰다. 귤나무에 꽃이 피니 달콤한 향이 천지를 가득 메웠다. 한가한 틈을 타 귤림당에서 거문고를 뜯다가 이방에게 바람 쐴 만한 곳이 있는지 물어보았다.

"용연이 경치가 빼어나고 제주성에서 가까우니 들러 보실 만합니다."

이방이 생각할 것도 없다는 듯이 대답했다. 이전 목사들도 모두 그곳을 보고 감탄을 금치 못했다고 한다. 한천 하류에 있다고 하는데, 가만히 듣다 보니 앞서 다녀간 분들이 취병담이라고 했던 곳이다.

제주성의 서문을 나가 바다 쪽으로 5리쯤 가니 한천 하구이고, 어부들의 집이 처마를 잇댄 채 제법 큰 마을을 이루고 있었다.

한천이 바다와 맞닿는 곳에 푸른 소가 있는데 바위 절벽에 둘러싸여 빼어난 경치를 이루었다.

"물이 저리 푸르다니! 대체 얼마나 깊기에 저런 것인가!"

소를 보자 감탄사가 절로 나왔다. 용연의 깊이는 알 수 없지만 사람들은 이곳에 용이 산다고 믿었고, 가뭄이 들면 기우제를 지낸다고 했다.

배에 올라 용연을 찬찬히 둘러보았다. 좌우로 늘어선 바위 절벽은 백옥 병풍인 듯하고, 그 위의 울창한 나무들이 물에 비쳐 물빛을 더욱 푸르게 만들었다. 그 사이를 배를 타고 오르내리니 마치 그림 속에 들어온 기분이었다.

마침 바람이 잔잔하고 물결이 고요해 바다 쪽으로 나가 보았다. 뱃머리를 서쪽으로 돌리니 기묘한 모양의 바위가 눈에 들어왔다. 마치 거대한 용이 바다에서 머리를 내밀고 포효하는 듯한 모습이었다. 생긴 모습 그대

로 용두암이라 부른다고 했다.

'저 용은 어쩌다 승천하지 못하고 바다에 붙박였는고?'

신기한 마음으로 용두암을 바라보는데 묘한 광경이 눈에 들어왔다. 물 위에 바가지 같은 것이 둥둥 떠 있고 사람 머리가 나타났다 사라졌다 하는 것이 아닌가.

알고 보니 잠녀들이 전복과 미역을 채취하는 것이었다. 잠녀들은 손에 작은 칼 같은 것을 들고 있는데 그것으로 바위에 붙은 전복을 떼어 낸다고 한다.

잠녀들은 물 밖으로 머리를 내밀 때마다 "호오이" 하며 바람 소리인지 휘파람 소리인지 모를 소리를 냈다. 잠녀들은 잠시 숨을 돌리는가 싶다가도 금세 물속으로 모습을 감추었다.

* 가까이 찾아가는 비경 용연과 용두암

벼슬아치들이 지방관으로 부임했을 때 덤으로 얻는 것이 있어. 바로 그곳의 이름난 경치를 둘러볼 수 있다는 것! 특히 제주도의 경치는 본토와 많이 달라서 색다른 멋을 느낄 수 있었을 거야.

목사가 뱃놀이를 했던 한천 하류의 용연은 지금도 멋진 경치를 뽐내고 있어. 한천(漢川)에서 '한'은 크다는 뜻의 글자로, 이름 그대로 제주시에서 가장 큰 하천이야. 한천이 바다와 만나는 지점에 형성된 마을을 한독이

용연

라고 했는데, 한천을 기준으로 동한두기와 서한두기로 나누기도 해. 이 마을은 오늘날 제주시 용담동으로 공항 가까이에 있어.

제주도 하천이 대부분 그렇듯 한천 역시 겉으로 물이 흐르지 않는 건천인데, 그 물이 바다 가까이에서 솟아나 소를 이룬 게 용연이야. 용연 양쪽은 주상절리로 이루어진 절벽이고 그 위에 상록수까지 우거져 독특한 경치를 이루었어.

용연은 달리 용추라고도 하고 취병담이라고도 해. 용연이나 용추는 이곳에 용이 산다는 전설 때문에 붙은 이름이고, 취병담은 맑고 푸른 비취색 물과 병풍을 두른 듯한 바위 절벽 때문에 붙은 이름이야.

용연 바로 옆의 용두암은 제주도의 대표적인 명소로, 바위 앞에는 언제나 기념사진을 찍는 사람들로 북적여. 공항과 가깝다 보니 제주도 여행을 용두암에서 시작하는 사람도 많더군.

용두암에는 여러 가지 전설이 전하는데, 용이 되는 것이 소원이던 백마가 어떤 장수에게 잡히는 바람에 그 자리에서 굳어졌다고도 하고, 용왕의 사자가 한라산에 불로초를 캐러 왔다가 산신이 쏜 화살을 맞고 바다로 떨어진 것이라고도 해. 한라산 신령의 옥구슬을 훔쳐 승천하려던 용이 신령이 쏜 화살에 맞아 돌로 굳었다는 이야기도 있어.

용두암

* 제주를 대표하는 으뜸 경치들

옛사람들은 용연을 찾아 뱃놀이를 즐기고 그 아름다움을 시로 남기기도 했는데, 제주도의 또 어떤 곳을 멋있다고 생각했을까?

숙종 때인 1694~1696년 제주목사를 지낸 이익태는 『탐라십경도』를 남겼어. 제주의 명소 열 곳을 골라 그림과 함께 설명을 붙여 놓은 건데, "제주의 뛰어난 경치를 사람들이 모두 등한히 보고 넘겨 버려 기록이 제대로 없다. 그래서 육지에 사는 사람이 듣고 아는 게 별로 없어 애석했다. 순력을 다니는 중에 제주의 볼 만한 곳을 조사하고 밟아 보면서 그중 뛰어난 열 곳을 그림으로 남겼다."고 했지.

이전까지는 제주의 빼어난 경치가 글로만 전해지고 그나마 제대로 된 기록이 없어 아쉬웠는데, 그림까지 담긴 『탐라십경도』 덕분에 실감나게 알려지게 된 거야.

탐라십경으로는 백록담, 취병담(용연), 조천관, 명월소, 별방소, 영곡(영실), 산방, 천지연(천제연), 성산, 서귀소(서귀포)를 꼽았어. 『탐라순력도』를 따라 여행하다 보면 우리도 이곳들을 모두 들르게 될 거야.

지금도 영주십경이니 제주십경이니 저마다 제주의 뛰어난 경치를 손꼽는데, 그중 19세기 중엽 제주 사람인 이한우가 이야기한 영주십경이 널리 알려졌어.

『탐라십경도』 19세기 후반에 다시 그린 것이다.

「취병담」(용연)　　「조천관」　　「명월소」　　「별방소」

「영곡」(영실)　　「산방」　　「천지연」(천제연)　　「성산」

성산일출 : 성산 정상에서 보는 해돋이
사봉낙조 : 사라봉에서 보는 저녁노을
영구춘화 : 한천 상류의 방선문 계곡에 피는 봄꽃
정방하폭 : 여름철의 정방 폭포
귤림추색 : 노랗게 익은 감귤들이 빚어내는 가을 분위기
녹담만설 : 산 밑에 꽃이 필 때까지도 남아 있는 백록담의 눈
영실기암 : 영실 계곡의 기이한 바위들
산방굴사 : 산방산 중턱의 굴절
산포조어 : 산지포구의 고기잡이
고수목마 : 한라산 초원 지대 곳곳에 풀어 키우는 말들

성산일출

귤림추색　　　　　　　　　　　　고수목마

　제주도 곳곳은 물론이고 일출부터 저녁노을까지, 그리고 봄부터 겨울까지 때에 따라 변하는 경치를 모두 아우르며 제주를 제대로 보여 주는 것 같아.

　때로는 여기에 용연야범과 서진노성을 포함시켜 영주십이경으로 꼽기도 해. 용연야범은 여름철 달밤에 용연에서 즐기는 뱃놀이를 말하고, 서진노성은 서귀진에서 내려다본 경치를 말해.

　물론 제주에서 찾아볼 만한 곳이 탐라십경이니 영주십경이니 하는 곳들만 있는 것은 아니야. 제주도에는 사람들의 시선을 잡아끄는 멋진 곳이 아주 많거든.

　제주도를 여행하게 되거든 자신만의 제주십경 혹은 제주팔경을 만들어 봐. 단, 누가 들어도 고개를 끄덕거릴 만큼 멋들어진 곳으로 말이지.

『탐라십경도』「백록담」 이익태 목사가 남긴 『탐라십경도』 중 「백록담」 부분이다. 백록담 이름의 유래가 된 흰 사슴들과 신선을 표현해 놓았고, 멀리 남쪽 바다의 섬들을 크게 표시했다.

제주의 명산 한라산에 오르다

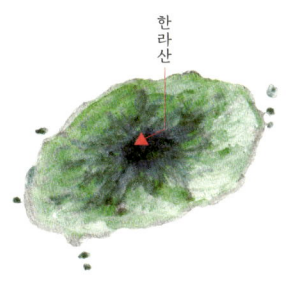
한라산

장마가 지기 전에 한라산을 다녀오기로 했다.

"날씨를 잘 가려 출발하심이 좋을 듯합니다."

최 판관은 전에 한라산에 올라갔다가 날씨가 갑자기 변하는 바람에 애를 먹었단다. 내내 날이 궂고 안개가 걷히지 않아 몇 날 며칠을 산중 암자에서 보냈다는 것이다.

화창한 날을 가려 성문을 나섰다. 무수천을 따라 올라가노라니 온갖 모양의 바위 틈새로 철쭉이 피어 흥취를 더해 주었다. 길가에 온통 풀만 우거졌다 싶었는데 산길로 접어든 뒤에는 숲이 울창해 길을 찾기 힘들었다. 깊은 숲을 헤치며 오르락내리락을 몇 차례나 했을까? 시나브로 날이 어두워지고 언제 구름이 몰려왔는지 부슬부슬 비가 내리기 시작했다.

다행히 얼마 가지 않아 존자암이라는 작은 암자가 나왔다. 암자라고는 하지만 부서진 지붕에 기둥 몇 개가 전부였고, 여기에 판자를 덧대고 풀로 지붕을 덮어 비바람을 피하는 정도였다. 최 판관이 머물렀다는 암자도 이곳이었을 것이다. 암자를 지키고 있던 승려가 공손하게 우리를 맞았다.

다음 날 다행히 날이 개었고 승려가 앞장선 덕분에 영곡(영실)부터는 큰 어려움 없이 길을 찾을 수 있었다. 울울창창 하늘을 찌를 듯 서 있는 소나무 숲길을 지나니 바위 절벽이 병풍을 두른 듯 서 있고, 그 앞으로 골짜기가 크게 열려 있었다. 골짜기는 대개 위는 좁다가 아래쪽으로 가며 넓어지는데, 이 골짜기는 희한하게도 산 한가운데가 뻥 뚫려 있었다.

절벽 위 능선에는 바위들이 우뚝우뚝한데 그 모습이 몹시 기묘했다. 어떤 것들은 사람의 형상인데 칼 찬 장군 같기도 하고, 절하는 승려 같기도 하고, 춤추는 신선 같기도 했다. 또 웅크린 호랑이인 듯, 날아오르는 봉황인 듯 짐승의 형상을 한 것도 있었다.

"저 바위들이 사람과 닮아 이곳을 오백 장군동이라고 합니다. 어찌 보면 석가모니 부처님이 영산에서 제자들에게 설법하시던 광경과 비슷하다고 해서 영곡이라고도 하지요."

승려는 그 모습을 부처와 연관 지었지만 내가 보기에는 신선들의 세계였다. 신선이 있다면 이곳 말고 그 어디에 머물 것인가! 걸음걸음 펼쳐지는 절경에 입을 다물 수 없었다.

영곡 위쪽은 산인지 들인지 구분이 안 될 만큼 평평한 땅이었다. 제주성보다도 넓어 보이는 땅에 크고 작은 바위들이 그득하고 그 위를 키 작은 나무와 풀 들이 덮고 있었다. 대개는 처음 보는 것들이라 이름조차 알기 어려웠다. 사방이 툭 트여서 그런지 높은 곳이라 그런지 바람이 유난히 거셌다. 부축을 받았는데도 몸이 휘청거려 간신히 정상에 올랐다.

정상인 혈망봉에는 바위들이 성곽처럼 빙 둘러서 있고, 가운데 가마솥처럼 패인 곳이 백록담이다. 생각만큼 못에 물이 많지는 않았다.

정상에 서 있으니 바람이 몹시 차 계절을 잊을 지경이었다. 여름인데도 서늘한 것을 보니 겨울에는 추위가 정말 대단하겠구나! 일찍이 이약동 목사가 산신단을 산 아래로 옮긴 것도 그 때문이었던가!

비구름이 몰려와 백록담을 뒤덮기 시작했다. 꼭 구름이 아니어도 바람 때문에 오래 머물기 어려워서 서둘러 내려왔다.

✽ 은하수가 가까이 보인다는 한라산

제주도를 이야기할 때 빼놓을 수 없는 곳이 바로 한라산이야. 등산을 좋아하는 사람들은 한라산을 오르기 위해 제주도를 찾곤 해. 해발 1950미터로 남한에서 가장 높은 산이기 때문에 한 번쯤 오르고 싶어 하는 사람도 많아.

그렇다면 한라산은 어디에서 어디까지일까?

한라산의 백록담

한라산은 구역을 딱 정해서 말하기 어려워. 섬 중앙에서부터 뻗어 나간 산자락을 따라가다 보면 그 끝이 바다로 이어져. 군데군데 계곡과 오름은 모두 한라산의 일부처럼 보이고 말이야. 그래서 사람들은 이렇게 말해. 한라산이 곧 제주도이고, 제주도가 곧 한라산이라고.

한라산은 여러 이름을 가지고 있어. 먼저 가장 널리 알려진 '한라'는 은하수를 잡아당긴다는 뜻이야. 그만큼 높은 산이라는 뜻이지. 산꼭대기가 가마솥처럼 패였다고 해서 가메(가마)오름이라고도 하고, 봉우리가 모두 평평해서 머리가 없다는 뜻으로 두무악(두믜오름)이라고도 해. 또 활이나 무지개같이 둥글게 굽은 산이라고 해서 원산(둠뫼)이라고도 한대.

그럼 한라산은 왜 이런 모양이 되었을까?

한라산은 단번에 솟아난 게 아니라 화산 활동이 여러 차례 반복되면서 만들어졌어. 먼저 바다에서 화산 활동이 일어나 제주도가 만들어진 뒤, 섬 가운데에서 용암이 솟아 한라산이 만들어졌어. 여기에서 다시 용암이 솟았는데 이 용암은 점성이 강해 멀리 흘러가지 못하고 분화구를 덮으며 거대한 바위 봉우리가 되었지. 그 후 안에서 폭발이 일어나 꼭대기가 무너져 내린 게 백록담이야. 그러니까 정확히 말하면 백록담은 분화구가 아니고, 그래서 지하수가 솟지 않아. 백록담에 고인 물은 빗물이 모인 거라 가물 때는 바닥을 드러내기도 해.

한라산 정상에 돔처럼 우뚝 솟은 바위 봉우리를 혈망봉이라 한다는데, 우리는 보통 백록담이라는 이름으로 불러. '백록'은 신선이 타고 다니는 흰 사슴이 물을 마시러 온다는 전설 때문에 붙여진 이름이야.

✽ 오백 장군의 전설이 깃든 영실

백록담과 함께 옛사람들의 한라산 유람에서 빠지지 않던 곳이 영실이야. 영실은 한라산 서남쪽에 있는 계곡인데 넓게 패인 모습이 멀리에서도 보일 정도야. 본디 화산이 터진 분화구인데 한쪽이 무너져 내리는 바람에 계곡이 된 거야.

영실의 기암들

　　영실 탐방로를 오르다 보면 위쪽으로 바위들이 울쑥불쑥 서 있는데 꼭 사람이 서 있는 것 같아. 영실의 이 기암들을 흔히 오백 장군 혹은 오백 나한이라고 불러. 오백 장군이라는 이름에는 설문대할망과 아들들에 대한 이야기가 전해져.

제주도를 만든 여신 설문대할망에게는 아들이 오백 명이나 있었다. 하루는 설문대할망이 아들들에게 주려고 죽을 끓이다가 그만 실수로 솥에 빠지고 말았다.

아들들이 집에 돌아와 보니 어머니는 보이지 않고 가마솥에는 죽이 끓고 있었다. 배가 고픈 아들들은 우선 죽을 떠먹었는데 마지막으로 막내아들이 죽을 푸려다 소스라치게 놀랐다. 죽 속에서 어머니의 뼈를 발견한 것이다.

아들들은 너무 놀라고 죄스러운 마음에 그 자리에 굳어 돌이 되었다. 오백 장군이라고 불리는 영실의 기암들이 바로 그것이다.

막내아들은 통곡하며 뛰쳐나갔다가 제주도 서쪽 끝에 있는 차귀도 앞에서 굳어 돌이 되었다. 차귀도 앞에 있는 장군바위 또는 외돌개라고 불리는 바위가 바로 그 막내아들이라고 한다.

오백 나한이라는 이름은 불교에서 비롯된 거야. 나한은 불교 수행자 가운데 높은 경지에 도달한 사람을 일컫는 말로 석가모니의 제자를 일컫기도 해. 영실 기암들의 모습이 부처님의 오백 제자가 모여 있는 것 같다는 건데, 오백 제자가 영취산에 모여 부처님의 설법을 듣는 모습 같다고도 해서 영실 혹은 영곡이라고 해.

영실 위쪽의 평원처럼 넓은 땅은 선작지왓이야. 작지는 제주도 말로 작은 돌을 말하고 왓은 벌판이야. 그러니까 선작지왓은 돌이 서 있는 벌판 쯤 되겠군.

예전에는 영실을 거쳐 정상까지 갔다는데, 오늘날에는 이 길로 가면 정상 아래쪽에서 돌아와야 해. 길이 많이 훼손돼서 막아 놓았거든. 그래도 영실의 소나무숲과 기암괴석이 꽤 멋지고, 발아래 펼쳐지는 오름들이 만들어 내는 멋진 경치는 정상에 가지 못하는 아쉬움을 달래 주고도 남아.

굳이 백록담을 보고 싶다면 성판악 탐방로나 관음사 탐방로를 이용하면 돼. 백록담까지 가려면 길이 꽤 길고 시간이 많이 걸리니까 준비를 단단히 해야 할 거야.

* 존자암과 산천단

영실까지 왔다면 존자암을 안 가 볼 수 없지. 영실 탐방로가 시작되는 곳에서 서쪽으로 난 길을 따라 조금 올라가면 존자암이야.

『고려대장경』에 보면 석가모니의 제자인 발타라 존자가 탐몰라주에서 불법을 전했다는 내용이 나오는데, 탐몰라주가 바로 제주의 옛 이름이라며 존자암을 우리나라에서 처음으로 불교가 전래된 곳으로 보는 사람들도 있어.

존자암은 한라산을 다녀온 옛사람들의 글에 꼭 등장하고『동국여지승람』에도 소개되어 있지만 누가 언제 창건했는지는 알 수 없어. 중종 15년(1520) 제주도로 유배 온 충암 김정이 존자암 중수기를 썼는데, "고·양·부 삼성이 처음 일어났을 때에 비로소 세워졌는데, 세 읍이 정립된 후에까지 오래도록 전하여졌다."고 한 걸 보면 무척 오래됐다는 것을 짐작할 뿐

중수기 : 낡고 헌 건축물을 손질하여 고칠 때 그 과정을 기록한 글.

이야. 지금 모습은 터만 남아 있던 것을 2002년부터 복원한 거야.

한라산 국립 공원에 속한 곳도 아니고 탐방로를 따라 산행을 하는 곳도 아니지만, 한라산과 관련해서 찾아가 볼 곳으로 산천단이 있어. 한라산 산신제를 지내던 곳이지.

원래는 백록담까지 올라가 산신제를 지냈는데, 날씨가 춥고 길이 험해 제물을 지고 올라가던 사람이 얼어 죽거나 사고를 당하는 일이 왕왕 있었다고 해. 날이 사나워 올라갈 수 없는 날도 많았고 말이야. 그래서 성종 1년(1470) 이약동 목사가 제단을 한라산 북쪽 기슭으로 옮겼다는군.

존자암

산천단에 들어서면 600년 넘은 아름드리 곰솔들이 신령스러운 기운을 뿜어내고, 산신제를 지내는 제단과 이약동 목사 공적비가 남아 있어.

산천단의 제단과 곰솔들

순력 행차와 함께 제주 한 바퀴

제주목사들은 순력을 돌면서 제주의 여러 모습을 살폈다. 순력이란 상급 관리가 관할 지역을 순시하는 일을 말한다. 백성들의 생활도 살피고 군사 시설도 점검하는 것이다. 관리들은 섬을 한 바퀴 돌아보며 제주도의 어떤 모습을 보고, 어떤 이야기를 들었을까?
순력에 나선 목사를 따라 함께 제주도 일주를 떠나 보자.

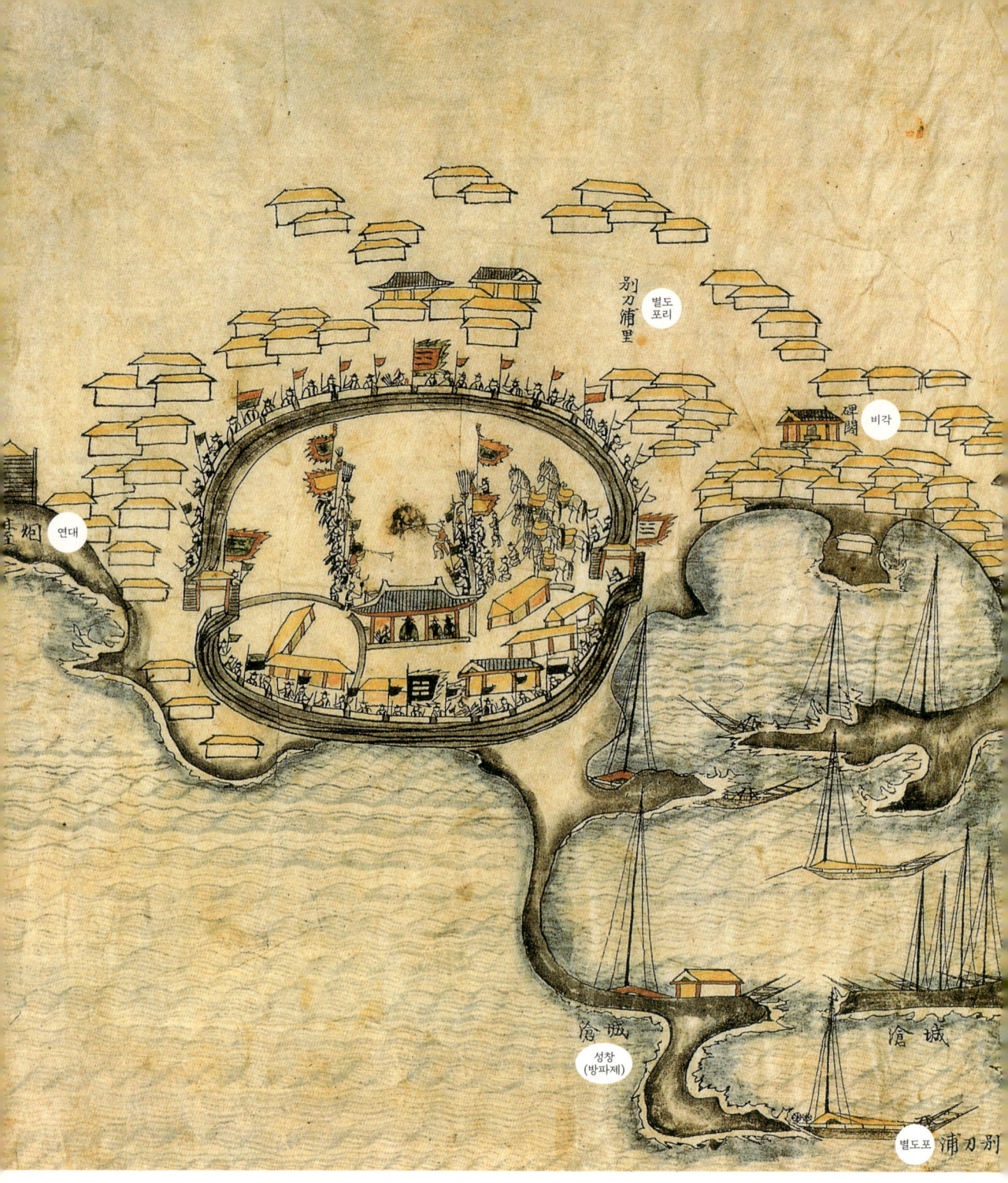

「화북성조」 화북진에 소속된 군사들이 훈련하는 모습이다.
화북진의 자세한 지형과 성의 위치, 건물 등이 잘 나타나 있다.
성의 오른쪽에 보이는 포구 안에는 몇 척의 배가 그려져 있어,
당시 배의 모습을 엿볼 수 있다.

화북진:
제주도를 지키는 방어 시설들

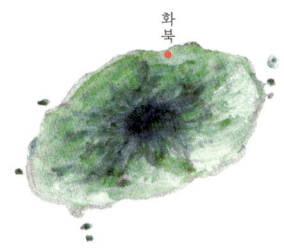

찜통 같던 여름 더위가 가시고, 아침저녁으로 선선한 바람이 불기 시작했다. 귤나무에 조롱조롱 달린 열매들이 익기 시작하자 관원들은 과원을 돌아다니며 나무마다 귤이 몇 개나 달렸는지 파악하기 바빴다. 열매 수를 일일이 장부에 적어 두었다가 나중에 그 수대로 거두기 위해서였다.

과원 점검이 어느 정도 마무리되자 순력에 나섰다. 순력을 떠나는 것은 제주의 군사 시설과 백성들의 풍속을 살피기 위한 것이다. 그런데 종종 아전들이 순력 중인 관리를 대접한다는 핑계로 백성들에게 소를 잡으라느니 떡과 술을 바치라느니 하며 괴롭히는 일이 벌어지곤 한다. 순력을 떠나기 전 아전들을 불러 절대 그런 일을 벌이지 못하게 단단히 다짐을 두었다.

순력 행차가 처음 도착한 곳은 별도포구(화북포구)였다. 제주도에 처음 도착하던 날처럼 포구에는 배가 제법 여러 척 보였고 주변에 민가도 꽤 많았다.

화북진은 포구 옆에 있는데 북쪽 성벽을 바다와 맞닿게 쌓아서 바닷물이 자연스럽게 해자 역할을 해 주었다. 성문은 동쪽과 서쪽 두 곳이고 문루는 초가지붕이었다.

성벽을 따라 깃발들이 바람에 휘날리고, 병사들이 긴장한 표정으로 도열해 있었다. 조방장이 성문 밖까지 마중을 나왔다. 조방장은 한 진을 책임지고 있는 우두머리를 말한다.

"화북진을 지키는 군사는 몇 명이나 되는고?"

"모두 172명입니다."

"이곳에서 관할하는 봉수와 연대는 어찌되느냐?"

"봉수는 원당봉수를 관할하는데 서쪽으로는 사라봉수와 연결되고 동쪽으로는 서산봉수와 이어집니다. 연대는 저기 동쪽 바닷가 언덕 위의 별도연대가 이곳 소속입니다."

조방장에게 궁금한 것을 물어가며 성안을 둘러보았다. 무기고를 점검해 보니 활과 함께 긴 화살 짧은 화살 할 것 없이 고루 갖추어져 있고, 현자총·주자총·승자총 같은 화포와 함께 화약 수십 근도 구비되어 있었다. 다른 무기들도 일일이 수를 헤아려 보았는데 빠트린 것 없이 잘 갖추어져 있었다. 시험 삼아 화포를 발사해 보니 그 소리가 맹렬하게 성안을 울렸다.

문제라면 비상시를 대비해 쌓아 놓은 식량이 습한 기후 때문에 많이 썩어 있었다는 것이다. 좋은 방법이 없을까 궁리해 보았지만 별 대책이 떠오르지 않았다.
　점검을 마친 뒤 망양정에 올라 쉬었다. 망양정은 바다와 맞닿은 북쪽 성벽 위의 누각이다. 군사들은 외적이 쳐들어오나 감시하기 위해, 육지로 떠나려는 사람들은 바람을 가늠하기 위해 이곳에서 바다를 바라보게 된다. 바다를 바라보는 정자라는 이름과 역할이 썩 잘 어울리는 누각이었다.

기후가 습하다고 곡식 비축을 안 할 수도 없고, 이것 참 난감한 일이로고.

* 제주도 2대 관문 중 하나였던 화북포구

목사는 어떤 길을 따라 순력에 나섰을까? 목사가 간 길을 쫓아가면 가장 먼저 도착하게 되는 곳이 화북포구야. 제주시 화북동에 있는 작은 포구지.

화북포구는 큰 배가 드나드는 곳도 아니고, 사람들이 많이 찾는 유명 관광지도 아니야. 한적한 바닷가 마을이지.

그런데 이 화북포구(별도포구)가 조선 시대에는 제주도의 2대 관문 중 하나였어. 목사나 현감처럼 중앙에서 내려오는 관리들이 이곳을 통해 들어왔고, 나라에 바치는 공물이 이곳을 통해 육지로 올라갔어. 사람과 물자가 드나드는 곳이니 당연히 군사상으로도 중요했고, 따라서 이곳에는 진이 설치되어 있었지.

'진'은 방호소라고도 하는데 적의 침입이 예상되는 요충지에 설치했던 군사 시설, 그러니까 오늘날로 치면 군부대에 해당해.

제주도에는 이런 진이 아홉 곳 있었는데 섬이다 보니 대부분 바닷가를 따라 자리 잡았어. 화북진성도 그중 한 곳으로 숙종 4년(1678)에 쌓은 거야. 나머지 여덟 곳은 화북진에서 출발해 동에서 서로 섬을 돌다 보면 조천, 별방, 수산, 서귀, 모슬, 차귀, 명월, 애월 순서로 만나게 돼.

장군도 아닌 목사가 왜 군사 시설을 점검하느냐고? 조선 시대에는 지방 수령이 행정과 사법은 물론 군사까지 통솔한다고 했잖아. 특히 제주목사는 육군과 수군을 총괄하는 병마수군절제사를 겸한다고 말이야.

✽ 외적으로부터 제주도를 지킨 방어 유적

오늘날 화북진의 흔적으로는 성벽 일부가 남아 있을 뿐이야. 성안의 건물들은 모두 일제 강점기에 헐려 나갔고, 그나마 남아 있던 성벽도 1970년대 도로를 내면서 일부 훼손되었지.

남아 있는 성벽을 보니 높이가 4미터 정도로 꽤 높아. 게다가 이 벽이 바다와 바로 맞닿아 있었으니 쉽게 넘볼 수 없었을 거야. 오늘날 이 벽과 바다 사이에 땅이 있는 건 바다를 메워서 그래.

화북 마을 안쪽으로 들어가 보면, 바닷가를 따라서 또 다른 성벽이 보여. 제주도는 사방이 바다로 열려 있어서 어디로든 외적이 접근할 수 있으니 이를 막기 위해 바닷가를 따라 성벽을 쌓았는데, 그중 일부가 남아 있는 거야. 바다에 두른 긴 성벽이라고 해서 이것을 환해장성이라고 해.

일부가 남아 있는 화북진 성벽

환해장성

환해장성을 쌓기 시작한 것은 고려 말부터라고 해. 진도에 있던 삼별초가 제주도로 옮겨 오려 하자 관군이 이를 막기 위해 쌓기 시작했는데, 나중에는 제주도에 자리를 잡은 삼별초가 역으로 그 관군을 막기 위해 이 성벽을 정비했다는군.

제주도에는 왜구들의 침입이 잦았던 터라 환해장성은 계속 보수 유지되었고, 19세기에 서양 선박들이 출몰하자 다시 대대적으로 정비되었어. 지금은 대부분 허물어져 버렸고, 화북을 비롯한 몇몇 지역에만 부분적으로 남아 있어.

방호소나 환해장성과 함께 섬을 지키는 데 필요한 시설로 연대와 봉수가 있어. 연대와 봉수는 외적이 쳐들어왔을 때 급히 알리기 위한 통신 시설이야. 횃불이나 연기로 신호를 보내는데 평소에는 1개, 이상한 배가 나타나면 2개, 가까이 오면 3개, 섬에 들어오면 4개, 싸움이 벌어지면 5개를 올리는 식이지.

다른 지역에서 봉수대를 산꼭대기에 두는 것과 마찬가지로 제주도에서는 오름 꼭대기에 봉수대를 설치했어. 연대는 바다 위의 배들을 보다 가까이에서 살필 수 있도록 바닷가 구릉 위에 설치했지. 제주도에는 봉수가 25곳, 연대가 38곳 있었다고 해.

요소요소에 설치된 진과 해안을 따라 길게 늘어선 성, 그리고 비상시에는 신속히 연락을 취할 수 있는 봉수와 연대까지, 제주도는 그야말로 섬 자체가 요새였던 셈이야.

조천연대

* 김정 목사 공덕비와 해신사

화북에 온 김에 더 볼 곳이 있어. 우선, 화북진성 터에서 바다 쪽을 보면 모양이 일그러져 내용을 알 수 없는 비석이 서 있어. 화북포구를 정비하는 데 공이 큰 김정 목사를 기리는 공적비야.

화북포구는 물이 얕고 비좁아서 배가 드나들기에 많이 불편했던 모양이야. 영조 11년(1735)에 부임한 김정 목사가 이를 개선하기 위해 포구를 정비했는데, 자신의 곡식을 내놓고 몸소 백성들을 독려해 가며 둑을 쌓았다고 해. 김정 목사는 포구 공사를 무사히 마치고 임기가 끝나 돌아가려고 화북진에서 배를 기다리던 중 그만 운명하고 말았다지.

화북포구에는 해신사라는 사당도 남아 있어. 말 그대로 바다의 신을 모시는 사당으로, 정월에 바닷길 안전을 기원하는 용왕제가 열리기도 해. 화북 해신사는 순조 20년(1820) 한상묵 목사가 만들었어. 화북포구를 통해 바다로 나가는 사람들은 해신사에 들러 안전을 빌곤 했는데, 중앙에서 부임해 오는 관리나 유배인들 역시 이곳에 들러 용왕신에게 제를 올렸다고 해. 대정현에서 9년간 유배 생활을 했던 추사 김정희도 제주도를 떠날 때 이곳에서 제를 올리고 제문을 남겼다는군.

백성들이 믿고 의지하던 민간 신앙을 미신이라며 배척하던 유학자들이 해신사를 세우고 또 제까지 올리다니, 바다가 두려운 건 누구나 마찬가지였나 봐.

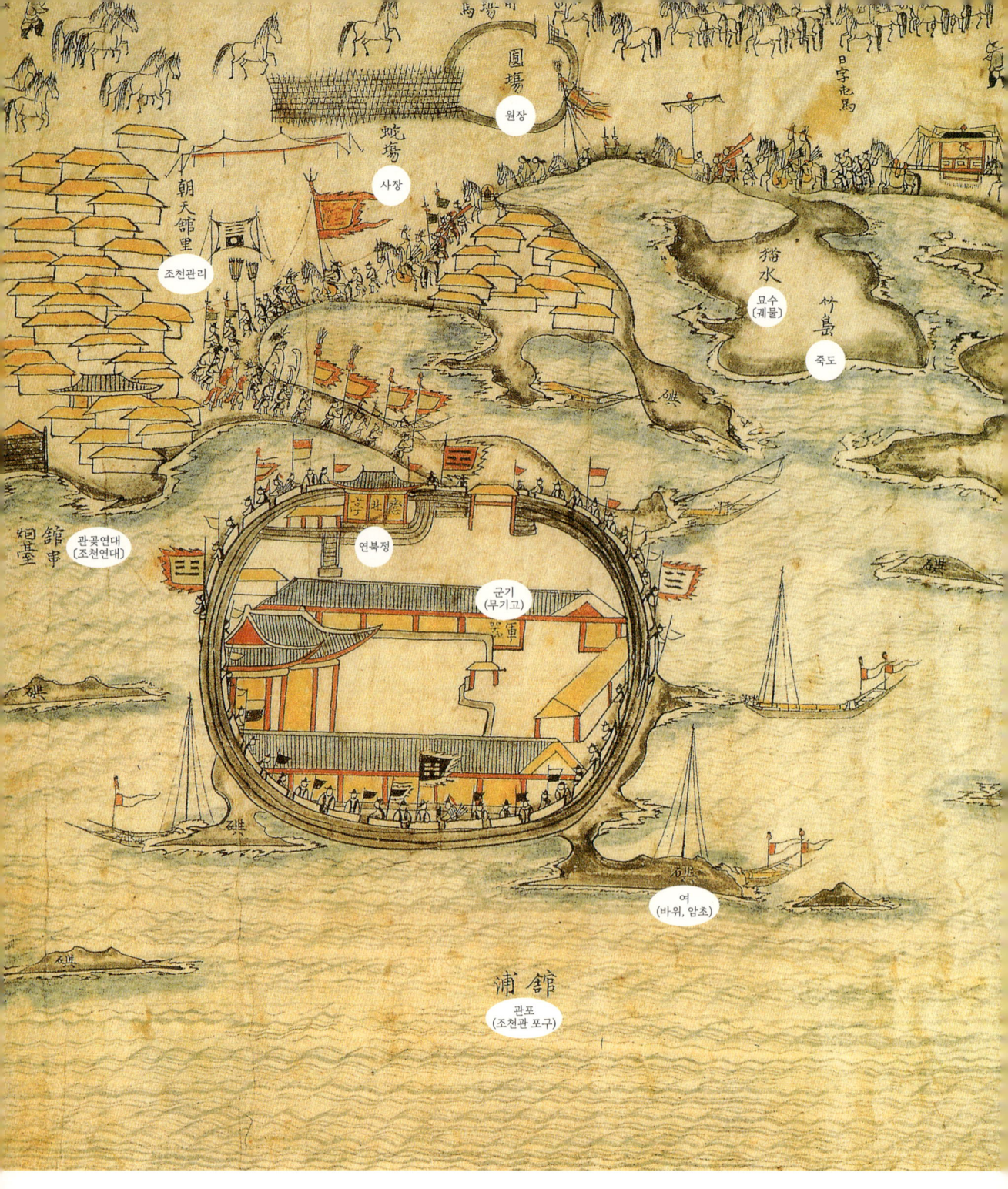

「**조천조점**」 조천진성을 지키는 군사들의 훈련과 근처 목장을 점검하는 모습이다. 연북정을 비롯한 성안의 건물 배치와 주변 민가들은 물론 바닷가에 흩어져 있는 여(바위, 암초)까지 자세히 그려져 있다.

조천포구 :
제주에는 어떤 포구들이 있나

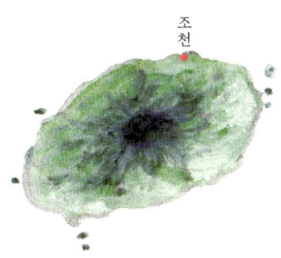

화북진에서 점검을 마친 뒤 최 판관은 제주목으로 돌아갔다. 내가 관아를 비우는 동안 대신 업무를 처리해야 하기 때문이다.

다음 목적지인 조천은 동쪽으로 20리를 더 가면 있다. 조천포구 역시 화북포구처럼 주변에 민가 수백 호가 늘어선 번창한 마을이었다. 마을에는 귤나무가 그득해 마치 숲속 마을처럼 정취가 뛰어났다.

포구는 바다가 안으로 깊숙이 들어온 곳에 있어 배가 다니기 편리했고, 돌을 어그러지게 쌓아 둑을 만든 뒤 그 안에 배들을 매어 두었다.

조천포구는 화북포구와 함께 제주도의 관문 역할을 하는 곳이다. 제주도에서 뜨는 배들은 모두 두 포구에서만 출발한다.

제주에서는 진상품을 올리려면 배를 이용할 수밖에 없는데, 이 배들이 모두 사선(개인 배)이었다. 물품을 실어 나를 만한 관선이 없다 보니 순서를 정해 개인 배를 이용하는 것이다. 개인 배이기는 해도 공무로 가는 것이기 때문에 필요한 일꾼은 관에서 해결해 주었다.

　배꾼들은 늘 목숨을 내놓고 다닌다고 했다. 큰 바다를 건너다 보니 암초에 부딪치거나 태풍을 만나 죽는 일이 많단다. 배야 예비로 준비시킨다지만, 바다에서 목숨을 잃는 사람이 많다는 말에 측은한 마음이 들었다.

　조천진성은 바다 쪽으로 쑥 뻗은 땅 위에 지어 놓았는데 밀물이 들어오면 섬처럼 되고, 바닷물이 빠져야 성 남쪽이 땅으로 연결되었다. 그래서 성문이 남문뿐이고 들었다 내렸다 하는 다리를 이용해 성문을 드나들었다. 성의 규모는 작지만 입지 조건을 보면 방어 시설로는 훌륭한 셈이었다.

　화북진성에서 했던 것처럼 이곳에서도 봉수와 연대 등을 확인하고 병사들을 사열한 뒤 무기고를 점검했다.

　망루 위에서 바다를 바라보니 경치가 남달랐다. 조천진이 아홉 진 중 규모는 가장 작아도 경치는 으뜸이라고 하더니, 과연 그 말대로였다.

"저 바다도 푸르고 산도 푸른 것을 보니 과연 쌍벽이라 할 만하구나."
내가 중얼거리는 소리에 배 비장은 고개를 갸웃거리며 망루의 편액을 올려다보았다. 편액에는 연북정이라고 되어 있는데 쌍벽이라고 하니 이상했던 모양이다. 망루 이름이 본디 쌍벽정이었음을 이야기해 주자 배 비장 역시 어울리는 이름이라며 고개를 주억거렸다.
순력 첫날을 마무리하고 조천관에서 잠을 청했다.

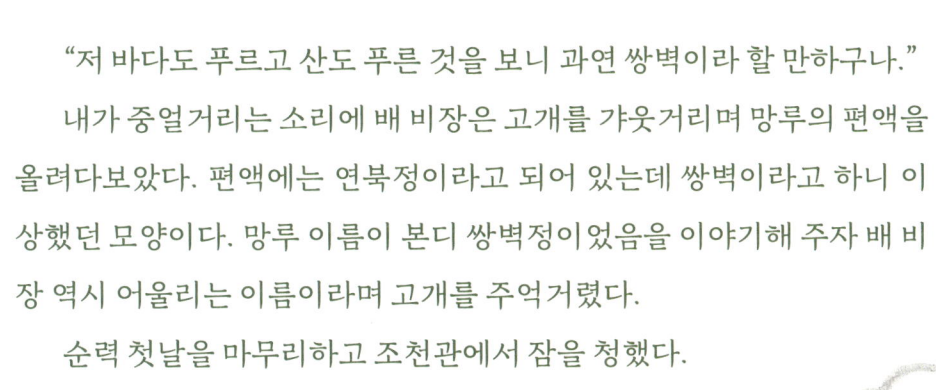

* 조선 시대 제주의 대표 항구, 조천

화북에서 동쪽으로 8킬로미터쯤 가면 조천 읍내가 나오고, 바다 쪽으로 방향을 바꿔 비석들이 즐비한 거리를 지나면 바다에 맞닿은 성벽과 망루가 보여. 이곳이 바로 조천진이 있던 자리야.

조천은 고려 시대 이후 제주도와 육지를 잇는 주요 포구였는데, 고대에 이미 뱃길이 열렸던 듯해. 진시황의 명을 받아 불로초를 구하러 나선 서불이 가장 먼저 도착한 곳이 조천이라는 이야기가 있는 걸 보면 말이지.

조천은 그 이름에 본토를 향해 떠나는 포구라는 뜻이 담겨 있어. 조천

조천진성

은 천자(왕)를 뵈러 간다는 의미야. 이곳이 한양을 향해 출발하는 곳이라고 해서 이런 이름이 된 거지.

　드나드는 사람이 많은 데다가 외적이 쳐들어올 위험 또한 높으니 군사상 요충지였음은 물론이야. 그래서 고려 때 이미 성을 쌓아 군사를 주둔시켰고, 공민왕 23년(1374)에는 나랏일을 보러 드나드는 관리들의 편의를 위해 '관'을 설치했어. 관은 나랏일로 출장 온 관리들에게 잠자리와 식사를 제공하는 시설이야.

　조선 시대 들어서도 조천의 중요성은 변함이 없었어. 선조 23년(1590)에는 성을 고쳐 쌓으면서 망루를 세웠는데 그 이름을 쌍벽정이라고 했어. 한라산과 푸른 바다가 마주 보는 곳에 있다고 해서, 짝을 이룬다는 '쌍(雙)'

조천진성의 연북정

자와 푸를 '벽(甓)' 자를 넣어 붙인 이름이야. 그런데 9년 뒤 성윤문 목사가 쌍벽정을 손질하여 고친 뒤 임금을 그린다는 뜻에서 이름을 연북정으로 바꾸었다는군. '북'쪽은 임금님이 계신 곳이잖아.

연북정은 지금 조천진 터에 남아 있는 유일한 건물이야. 다른 건물들은 정확히 터를 알 수 없어서 복원하지 못하고 성안이 빈 터로 남아 있어.

아홉 진성 중 가장 규모가 작았다더니 한눈에 들어오는 성터가 꽤 아담해 보여. 둘레가 428척에 높이가 10척이었다는데 옛날 단위라 가늠이 잘 안 되지? 지금 있는 성벽을 보니 둘레가 128미터이고 높이는 2.2미터에서 4.3미터 정도야.

연북정은 일제 강점기에 경찰 주재소 등으로 이용되면서 훼손되었다가 1973년에 보수되었어. 그런데 지금 연북정을 오르다 보면 고개를 갸우뚱하게 돼. 망루에 오르는 계단이 성벽 바깥쪽에 있거든. 「조천조점」에는 계단이 안쪽에 그려져 있고, 굳이 그 그림이 아니더라도 당연히 그게 맞는 거잖아. 왜 이렇게 복원이 된 건지 한 번쯤 생각해 볼 일이야.

✽ 왜 화북포구와 조천포구에서만 배가 떴을까

조천은 화북과 함께 조선 시대 내내 제주도를 육지와 이어 주는 역할을 했어. 나랏일을 보는 관리, 유배객, 장사하는 사람들, 조공품을 실은 배들이 모두 두 포구로 드나들었어.

그렇다고 해서 제주도에 포구가 이 두 곳만 있었던 건 물론 아니야. 사방이 바다로 둘러싸인 섬이니 당연히 곳곳에 포구가 있었지. 『탐라순력도』의 「한라장촉」을 보면 바닷가를 따라 표시된 포구가 얼핏 보아도 칠팔십 개는 되는 것 같아.

이 포구들 중에서 동풍이 불 때는 배가 동쪽의 별도포(화북포), 어등포, 조천관에서 떠났고, 서풍을 만나면 서쪽의 도근천, 애월포에서 출발했지. 그런데 조선 시대에는 화북과 조천 두 포구에서만 배가 뜨도록 국법으로 정해 버렸어. 왜 그랬느냐고?

제주도는 땅이 척박해 먹고 살기 힘든 데다가 나라에서 지우는 부역까지 가혹하다 보니 굶주린 백성들이 섬 밖으로 도망치는 일이 많았다고 해. 그러다 보니 인구가 심각하게 줄어들었고, 급기야 제주도 사람이 섬 밖으로 못 나가게 국법으로 막아 버린 거야. 이것을 출륙 금지령이라고 해.

출륙 금지는 인조 7년(1629)부터 순조 25년(1825)까지 200년 가까이 시행되었어. 혹시 법을 어기고 몰래 도망치는 사람이 있을까 봐 배가 뜨는 날에는 관리가 포구에 나와 장부를 일일이 확인하며 철저히 감시했다는군.

이 때문에 제주도는 바다에 떠 있는 감옥 아닌 감옥이 되었고, 사람들은 고립된 생활을 할 수밖에 없었지. 마음대로 바다를 나갈 수 없으니 항해술이나 배를 만드는 기술 역시 쇠퇴할 수밖에 없었을 거야.

오늘날 전 세계에서 온 여행객들로 붐비는 제주도를 생각하면, 정말 격세지감이란 말은 이럴 때 쓰는 건가 봐.

격세지감 : 몰라보게 변하여 아주 다른 세상이 된 것 같은 느낌.

「**김녕관굴**」 김녕에 있는 굴을 구경하기 위해 횃불을 들고 들어가는 모습이다. 당시에는 만장굴까지 합쳐 김녕굴이라 했던 것으로 짐작된다.

김녕사굴:
기이한 땅속 세상을 구경하다

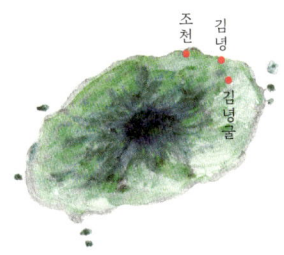

다음 순력지인 별방진을 향해 동쪽으로 계속 갔다. 바닷길을 따라가면서 보니 나무들이 모두 남쪽으로 가지를 뻗은 채 기울어져 있었다. 바다에서 불어오는 바람 때문에 그렇다는데, 마치 모지라진 빗자루 같았다.

    도중에 김녕이라는 큰 마을을 지나는데 눈처럼 흰 모래사장이 눈길을 끌었다. 제주도 바닷가는 대개 검은 바위나 그 바위가 부서진 검은 모래로 덮여 있는데, 김녕의 모래사장은 유난히 흰 모래여서 오히려 이채롭게 보였다.

    별방진은 동쪽으로 계속 바닷길을 따라가야 하지만, 김녕을 지난 뒤 남쪽으로 방향을 틀었다. 김녕사굴을 구경하기 위해서였다.

    김녕사굴은 바닷가에서 5리쯤 되는 곳에 있다. 바다와 꽤 떨어진 곳인데도 곳곳에 모래가 쌓여 있었다. 나무의 모습을 바꾸질 않나, 모래를 실어 나르질 않나……. 바람의 힘이란 참으로 대단한 것 같다.

굴은 평지에 바로 구멍이 뚫려 있는데, 크고 둥근 입구는 마치 뱀이 아가리를 벌린 것 같았다. 굴 안쪽은 제법 넓어서 수십 명이 함께 들어가도 될 것 같았다. 굴이 얼마나 긴지 물어보았으나 이곳 사람들도 정확히 모른다고 했다.

"저희 중에도 끝까지 가 본 사람이 없습니다. 전하는 말에 의하면 족히 5리는 된다고 합니다."

횃불을 든 군사 몇 명이 앞에서 길을 확인하며 나아갔고, 내가 그 뒤를 따라갔다. 좌우에 벽이 서 있고 위에는 지붕이 덮인 모양이어서 꼭 회랑 안을 지나는 것 같았다. 굴은 안으로 들어갈수록 폭이 좁고 가늘어져서 정말로 뱀의 몸통 안에 들어온 느낌이 들었다.

동굴 천장에서 물이 새어 나와 간간이 방울져 떨어졌다. 굴 안 곳곳에는 종유석과 석순, 석주 등이 기이한 모습으로 자라고 있어 제법 진기한 구경거리가 되었다.

배 비장이 횃불을 들어 올려 천장의 종유석을 비추었다. 종유석을 꺾어 살펴보니 옥처럼 깨끗하고 단단했다. 삼척 부사로 있을 때 그곳 아전이 종유석을 바친 적이 있는데 그때 것과 흡사했다. 이곳 제주도는 삼척과 멀리 떨어진 데다가 땅 모양이 천양지차인데 땅속에 똑같은 것이 숨겨져 있다니 알다가도 모를 일이었다.

한참을 가도 도무지 끝을 알 수 없었다. 어둡고 으슥한 굴을 한없이 들어가려니 겁이 났던지 앞서가던 군사들이 주춤거렸다. 나 또한 문득 두려운 생각이 들었다.

"어둠을 뚫고 계속 가는 것은 무리겠구나. 이만 돌아가도록 하자."

끝까지 가 보지 못하고 도중에 돌아 나올 수밖에 없었다.

마치 돌로 된 고드름 같습니다.

✳ 눈처럼 흰 모래가 있는 김녕 해변

조천을 출발해 별방진을 향해 동쪽으로 가다 보면 함덕, 북촌, 동복, 김녕 같은 마을을 지나게 돼. 함덕에는 꽤 큰 해수욕장이 있어서 리조트와 음식점 들이 즐비하고 여름이면 피서객들로 북적여. 북촌과 동복을 지나 조금 더 가면 김녕인데 우체국, 보건소, 농협은 물론 성당이며 초등학교와 중학교까지 있는 제법 큰 마을이야. 별방진에 가기 전 김녕에 잠시 들러 가기로 해.

　　김녕은 신라 시대에 이미 마을이 섰고, 고려 시대에 현이 설치되었던

김녕 성세기 해변

제주도 열네 마을 중 하나야. 고려 시대 말에는 방호소도 설치되었는데, 이 방호소를 옮겨 설치한 것이 별방진이야.

김녕의 성세기 해변에는 눈처럼 흰 모래가 덮여 있는데 멀리서 보아도 눈에 띌 정도야. 흰 모래가 검은 바위, 푸른 바다와 어우러져 눈부신 경치를 이루고 있지. 김녕 모래는 왜 이렇게 흰 걸까?

김녕 바다에는 조개나 고둥 같은 연체동물, 홍조류, 성게 등이 많이 살았는데 이런 생물들은 죽고 나면 부드러운 부분은 없어지고 단단한 탄산염 조각만 남게 돼. 이 조각들이 해안에 쌓이고 파도에 잘게 부서져 우리가 보는 모래가 된 거야. 간단히, 조개껍데기 가루로 만들어진 모래라고 생각하면 될 것 같아.

이 모래는 겨울에 북서 계절풍에 날려 마을 안까지 날아가고, 곳곳에 모래 언덕을 만들어 놓았어. 성세기 해변의 주차장도 모래 언덕 위에 만든 거야. 바람의 힘이 얼마나 강한지 바다에서 6킬로미터나 떨어진 곳에도 모래가 쌓여 있을 정도야.

김녕을 지난 뒤 남쪽으로 방향을 틀어 만장굴 가는 길이라고 표시된 쪽으로 가다 보면 김녕사굴이 나와. 목사가 들렀던 바로 그 굴이지. 길가에는 바닷가에서부터 날아 온 모래가 곳곳에 흩어져 있어.

굴 이름에 뱀을 뜻하는 '사' 자가 붙은 건 뱀과 관련된 전설 때문이야.

오래전 이 굴에 거대한 뱀이 살았다. 마을 사람들은 해마다 뱀을 위해 굿을 열고 처녀를 한 명씩 제물로 바쳐야 했는데, 그러지 않으면 뱀이 동굴에서 나와 횡포를 부렸다.

중종 10년 제주판관으로 부임해 온 서련은 이 이야기를 듣자 괴이한 일이라며 분개했고, 백성들을 뱀의 횡포에서 구하기로 했다.

뱀에게 제를 올리는 날이 되자, 서 판관은 군졸들을 거느리고 뱀굴로 갔다. 굿판이 무르익을 즈음, 어마어마한 뱀이 굴속에서 기어 나오더니 술과 떡을 먹는 것이었다. 그리고 드디어 뱀이 처녀를 집어삼키려는 순간, 서 판관과 군졸들이 달려들어 뱀을 찔러 죽였다.

심방(무당)은 서 판관에게 어서 제주성으로 돌아가라면서, 어떤 일이 있어도 뒤를 돌아보지 말라고 했다. 그런데 제주성에 거의 다 왔을 때 뒤에서 군졸 하나가 피비가 내린다고 소리치는 것이 아닌가.

"세상에 피비가 어떻게 온단 말이냐?"

서 판관은 무심코 뒤를 돌아보았고, 그 자리에서 쓰러져 죽고 말았다. 뱀이 죽으면서 흘린 피가 하늘로 올라가 비가 되어서 서 판관을 쫓아왔던 것이다.

이야기에 등장하는 서련은 중종 10년(1515) 제주판관으로 부임해 왔던 실존 인물이고, 굴 앞에 '서련 판관 사적비'까지 있는 걸 보면 뱀굴 이야기가 그저 전설만은 아니었던 모양이야.

제주도는 덥고 습한 기후 탓에 뱀이 많고, 실제로 뱀을 신으로 모신 경우가 꽤 있었다고 해. 중종 때 유배 왔던 김정의 글에도 제주 사람들이 "뱀을 몹시 꺼려 신으로 받들며 감히 쫓거나 죽이지 못한다."는 내용이 보여.

서련 판관 사적비

* 김녕사굴과 만장굴

김녕사굴은 길이가 705미터인 S자형 동굴이야. 원래는 만장굴과 한 동굴이었다가 동굴 천장이 무너지면서 나뉜 거래. 옛사람들은 김녕사굴의 높이가 30척에 길이가 5리라고 했는데, 만장굴 구간까지 합쳐 말한 것 같아. 굴의 전체적인 형태는 목사가 봤던 대로 입구는 뱀의 머리처럼 크고 안으로 들어갈수록 가늘어지는 모양이야.

그런데 목사가 굴 안에서 종유석을 봤다니 이상하지 않아? 제주도가 화산섬이니 김녕사굴은 당연히 용암 동굴일 텐데 말이야.

용암 동굴은 용암이 흐를 때 공기와 만난 겉면은 먼저 식고 안쪽의 용

김녕사굴

용천동굴

암은 계속 흘러가면서 만들어진 공간이야. 그래서 용암 동굴의 안쪽 벽을 보면 용암이 흘러간 자국이 남아 있어.

제주도를 제외하고 우리나라 동굴은 대부분 석회 동굴이야. 석회 동굴에는 종유석이나 석순, 석주 같은 동굴 생성물이 자라는데, 지하수가 동굴 안에 떨어질 때 물속에 녹아든 석회 성분이 서서히 쌓인 거야.

석회 동굴도 아닌 김녕굴에 종유석이 자라는 건 앞에서 말한 김녕의 모래 때문이야. 그 모래가 탄산염으로 이루어졌는데, 탄산염이 바로 석회의 주요 성분이거든. 바람에 날려 온 모래가 빗물에 녹아 스며들면서 김녕사굴을 석회 동굴처럼 만든 거지. 김녕사굴과 멀지 않은 곳에 있는 용천동굴과 벵뒤굴, 당처물동굴에도 같은 원리로 동굴 생성물이 자라는데 그 어느 석회 동굴보다도 다양하고 희귀한 모양을 이루고 있어.

이 동굴들은 20~30만 년 전 거문오름에서 분출된 용암이 북동쪽 바닷가까지 흐를 때 그 줄기에 만들어진 동굴들이라 함께 묶어서 '거문오름 용암 동굴계'라고 해. 현재 열 곳이 발견되었는데 그중에서 만장굴, 김녕사굴, 벵뒤굴, 당처물동굴, 용천동굴은 유네스코 세계 자연 유산에 등재되었지.

이 동굴들 중 우리가 들어가 볼 수 있는 곳은 만장굴뿐이야. 그것도 굴 전체를 볼 수는 없고 1킬로미터 정도만 개방하고 있어. 만장굴을 꼼꼼히 살펴보면 용암이 흘러가면서 남긴 다양한 흔적들을 볼 수 있어. 수십만 년 전 뜨거운 용암이 흐르던 모습을 상상하며 동굴 안을 걸어 보는 것도 좋을 것 같아.

「별방시사」 별방진에서 활쏘기 실력이 좋은 사람을 뽑는 모습이다. 근처 목장에 있는 말들을 끌어와 점검하는 모습도 함께 담겨 있다. 지미망(지미봉) 옆의 용항포 일대는 오늘날 하도리 철새 도래지라고 알려진 곳이다.

별방진 : 활쏘기로 인재를 선발하다

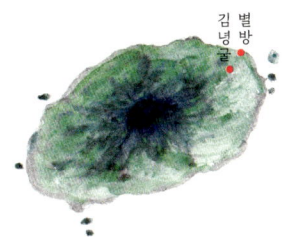

오던 길을 되짚어 다시 별방진으로 향했다.

사굴을 구경하느라 시간을 지체한 탓에 별방진에는 점심때가 지나서야 도착했다.

별방진성은 바닷가 너른 벌판에 있었다. 별방진에서는 동쪽 끝으로 우뚝 솟은 지미봉이 보이고, 바다 건너로는 우도가 보였다.

별방진성은 둘레 2390척에 높이가 7척으로 제주도의 아홉 진성 중 가장 규모가 컸다. 동·서·남 삼면에 성문을 냈고, 북쪽은 바닷물이 안쪽까지 깊숙이 들어오는 곳이라 성벽 밑으로 수구를 내놓았다.

성을 지키는 군사는 423명이었다.

화북진과 조천진에서 했던 것처럼 군사 훈련을 점검하고 무기고까지 확인한 뒤 하루를 마무리했다.

이튿날에는 시사(활쏘기 시험)를 열었다. 병사가 사용하는 무기로는 칼과 창과 활이 있는데 멀리서 적을 겨눌 수 있는 활쏘기는 무엇보다 중요하다. 그래서 늘 실력을 쌓도록 장려하는 한편 수시로 시사를 열어 솜씨가 좋은 사람을 선발했다.

이번 시사에는 200명 넘는 사람이 참여해 실력을 겨루었는데, 솜씨가 뛰어난 사람도 있었지만 어설픈 사람도 꽤 있었다.

"제주도는 예로부터 활쏘기를 즐기고 실력이 뛰어난 사람이 많다고 들었다. 그런데 오늘 보니 영 아니로구나. 소질은 제법 있는데……, 연습을 게을리한 것이 분명해."

한심한 생각이 들어 꾸짖었더니, 군관이 송구한 표정으로 대답했다.

"백성들이 살림은 가난한 데다가 부역이 무거워 연습할 겨를이 없었던 탓입니다. 더구나 제주 같은 변방 출신들은 어렵사리 과거에 급제하더라도 벼슬을 받을 희망이 없다 보니 무예 연마를 포기하는 자가 많은 형편입니다."

듣고 보니 이해가 안 되는 것은 아니다. 하지만 불시에 외적이 쳐들어오면 어쩔 것인가? 더구나 제주도처럼 왜구가 자주 출몰하는 곳에서는 무예 연마에 더욱 힘써야 할 것이다.

각 마을에서 솜씨가 뛰어난 사람을 교관으로 뽑아 부지런히 수련할 것을 명하고, 솜씨가 뛰어난 사람에게는 신분에 관계없이 큰 상을 내리겠다고 약속했다.

＊제주도 동쪽 바다를 지키던 별방진성

별방진은 제주도 북동쪽 바닷가에 있어. 원래는 고려 시대 만든 방호소가 김녕에 있었는데 왜구들이 우도에 진을 치고 노략질을 하는 일이 잦자 중종 5년(1510) 장림 목사가 지금의 위치로 옮긴 거야. 성을 쌓을 때 흉년이 심해서 백성들 고생이 이만저만 아니었다고 해.

제법 큰 성이 널찍한 바닷가에 우뚝 자리 잡고 있는데, 원래 모습도 제법 남아 있지만 변형된 부분 또한 상당히 많아. 현재 성벽의 총길이는 1008미터에 높이는 3.5미터 정도이고, 성안에 작은 마을이 들어서 있어.

북쪽 성벽이 바로 바다와 닿아서 그 아래로 바닷물이 드나들었다는데

별방진성 성벽

지금은 바다를 메워 성벽 옆으로 해안 도로가 지나고, 성벽 일부는 끊어져 있어. 혹시 성문이 있던 자린가 싶지만 그건 아니고, 마을에서 포구로 통하는 길을 내느라고 성벽 일부를 튼 거야.

성벽은 밖에서 보면 꽤 높아 보이지만 안쪽에는 성벽에 붙여 높은 길을 만들어 놓아서 군사들이 그 위로 다니며 밖의 동정을 살피고 무기도 사용할 수 있게 했어.

✻ 인재 선발의 기준이 되었던 활쏘기

목사는 별방진에서 활쏘기 시험을 보았는데, 비단 이때뿐만 아니라 자주 활쏘기 시합을 열어 병사들의 기량을 점검하고 실력을 더욱 연마하도록 장려했어. 이 일은 지방 수령의 임무 중 하나였지.

우리나라는 오래전부터 활을 잘 쏘는 걸로 이름이 높았고, 전쟁에서 주력 무기도 활이었어.

고구려의 시조 주몽은 이름부터가 활을 잘 쏘는 사람이잖아. 고구려에서는 해마다 봄가을에 사냥 대회를 열어 인재를 뽑았는데 3월 3일 낙랑 언덕에서 열리는 사냥 대회에는 귀족은 물론 일반 백성들도 널리 참여했다고 해. 울보 평강 공주 이야기에 나오는 온달 장군이 평원왕 앞에 늠름한 모습으로 등장한 것도 이 사냥 대회를 통해서야.

활쏘기 전통은 줄곧 이어져서 조선 시대에도 무과 시험에 꼭 포함되는 과목이었어. 관직에 나간 뒤에도 자주 활쏘기 시험을 보아 성적이 나쁘면 진급에 불리했고 말이야.

활쏘기는 비단 무관들의 무예 연마를 위한 것만이 아니었어. 유학자가 덕성을 갖추기 위한 수련으로도 중시되었거든.

활쏘기를 잘하려면 올바른 자세와 맑은 정신은 물론 체력도 좋아야 해. 목표물을 놓치지 않는 판단력과 순발력도 갖추어야 함은 물론이야. 그래서 무예보다 글을 중시했던 조선에서 활쏘기는 사람의 됨됨이를 가늠하는 기준으로 여겨졌어.

제주 시내에 있는 향사당

대사례라고 해서 임금은 나라에 행사가 있을 때 신하들과 함께 활쏘기를 했고, 지방에서는 수령이 고을의 유학자들을 초청해 잔치를 베풀고 활쏘기를 즐기는 향사례를 열었어. 이런 행사는 과녁을 맞히는 것보다는 예법에 맞게 의식을 치르는 데 중점을 둔 것이었지. 그래서 행사 이름에도 '~례' 자를 붙였어.

제주 시내에 있는 제주목 관아에서 남쪽으로 조금 떨어진 곳에 향사당이 있는데 봄과 가을에 온 고을 사람이 모여서 향사례를 열었다고 해.

활쏘기 모임은 고을 일을 의논하고 처리하는 자리기도 했어. 그래서 향사당이 고을의 자치 기관 역할도 했지.

또 제주도에는 곳곳에 사장밭이라는 이름이 남아 있는데 과거 활터로 이용되던 곳이야.

「우도점마」 우도 목장을 점검하는 모습이다.
신룡이 산다는 어룡굴이 표시되어 있고, 당시에는
사람이 살고 있지 않아 민가를 그리지 않았다.

우도:
목장을 점검하다

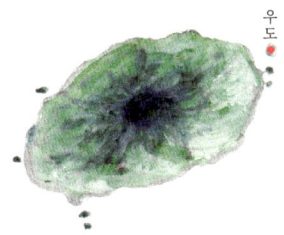

별방진을 점검한 뒤 우도로 향했다. 우도에 목장을 만든 지 몇 년 되지 않았기 때문에 특별히 점검하기 위해서였다. 우도는 사람이 살지 않는 섬으로 말을 돌보는 목자들만 드나들고 있었다. 그런데 내가 우도에 간다고 하자 사람들이 모두 말리는 것이 아닌가!

"정말로 우도에 들어가려 하십니까?"

"신룡 때문에 화를 당하실까 봐 두렵습니다."

이곳 사람들은 우도에 신룡이 산다고 믿었다. 사람이 가까이 가면 신룡이 화를 내서 큰 바람이 불고 우레가 쳐서 나무가 쓰러지고 곡식이 상한다는 것이다.

"어찌 그런 황당하고 어리석은 말을 한단 말이냐?"

크게 꾸짖고 당장 배를 준비시키라고 했다. 사람들은 감히 내 명을 어길 수 없었던지 우물쭈물 배를 준비했지만, 배를 띄우면서도 두려운 기색이 역력했다.

사람들의 우려와 달리 배는 아무 탈 없이 움직였다. 문득 고개를 돌리니 성산이 눈에 들어왔다. 층층이 깎아지른 모습으로 우뚝 솟아 있는데 어찌 보면 연꽃 한 송이가 바닷가에 피어난 것 같았다. 벼랑에는 나무들이 울창하게 자라고 있어 푸른 숲처럼 보였다. 그래서 성산을 청산이라고도 부른다 했다.

우도에 다가갈수록 물빛이 더욱 짙어져, 마치 푸른 유리 위에 배가 떠 있는 것 같았다.

"신룡이 사는 곳이라 물빛이 이리 묘한 것입니다."

사공은 두려운 얼굴이 되어 더욱 조심스럽게 배를 몰았다.

내친 김에 신룡이 산다는 어룡굴로 뱃머리를 돌렸다.

어룡굴은 우도의 남쪽 절벽에 있다. 무지개문처럼 생긴 입구는 무척 커서, 배가 돛을 편 채 들어갈 수 있었다. 굴 안도 꽤나 넓어서 배를 5, 6척은 숨길 수 있을 것 같았다. 이 정도면 왜선이 몰래 숨어 있어도 모를 것 같았다. 정작 걱정해야 할 것은 신룡이 아니라 왜구들 아닌가!

동굴 천장을 바라보니 흰 돌 같은 것이 둥글둥글 맺혀 있는데 해 같기도 하고 달 같기도 했다.

굴 안을 둘러보다가 난데없이 머리카락이 쭈뼛거리며 나도 모르게 몸서리를 치고 말았다. 굴 안의 기운이 대단히 서늘한 데다가 물빛마저 어둡고 그윽하니 알 수 없는 두려움이 몰려왔다. 아마도 이런 느낌 때문에 신룡이 산다느니 하는 이야기가 생겨났을 것이다.

섬 위로 올라가 보니 나무가 거의 없었다. 그저 닥나무가 자라는 정도였다. 우도 목장에서 방목하는 말은 262마리였고, 염소도 함께 기르고 있었다. 염소는 서쪽 바다의 비양도에서도 방목한다고 했다.

"신룡이 어쩌느니 저쩌느니 하더니 날씨만 좋지 않으냐? 그런 허황된 이야기는 두 번 다시 말거라."

우도에서 목장을 점검하고 나오며 아랫사람들의 어리석음을 다시 한 번 꾸짖었다.

『탐라순력도』「건포배은」의 일부. 신당들을 불태우는 모습이 그려져 있다.

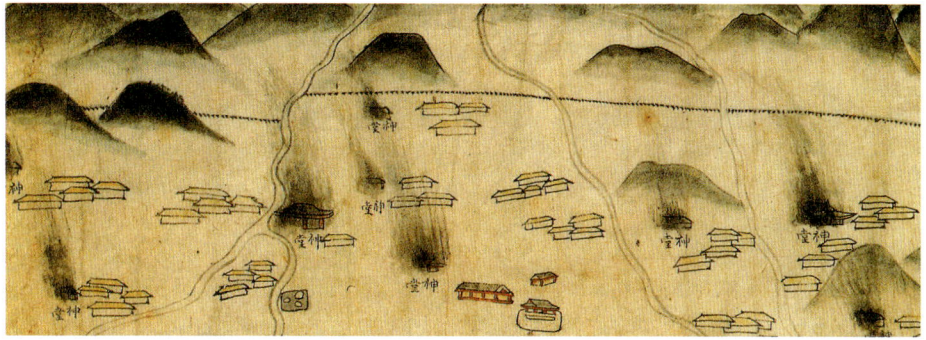

* 누워 있는 소처럼 보이는 섬, 우도

별방진에서 동쪽을 바라보면 바다 건너로 섬이 하나 보여. 바닷길을 따라 가며 자세히 보니, 평평한 듯 길게 누운 섬의 남쪽 끝에 완만하게 오름 하나가 솟아 있어. 그 모습이 꼭 소가 누워 있는 것 같아. 이런 생김새 때문에 사람들은 이 섬을 소섬 또는 쉐섬이라고 불렀대. 지금은 우도라는 한자 이름으로 주로 불리고 있어.

  우도는 면적이 6.2제곱킬로미터로 서울 여의도의 두 배 정도야. 제주도에 딸린 섬들 중 가장 크지. 행정 구역으로는 제주시 우도면이야.

  지금은 여행객을 실은 배가 수시로 드나들고 섬 어디에서나 사람들을 만날 수 있지만, 우도는 한동안 무인도로 남아 있었어. 동굴집자리 흔적이

저 멀리 보이는 우도

나 고인돌 같은 것이 발견되는 걸 보면 아주 오래전에는 사람이 살았던 모양인데, 언젠가 모두 섬을 떠난 거야.

섬에 자라는 닥나무를 캐거나 염소를 기르기 위해 가끔씩 드나들긴 했지만 옛사람들은 우도에 신룡이 산다며 두려워했다는군. 섬 가까이에서 시끄러운 소리가 나면 신룡이 화가 나 비바람을 일으킨다고 말이야.

우도에는 숙종 24년(1698) 목장이 설치되었는데 몇 년 뒤 부임한 이형상 목사가 목장을 점검하러 가겠다고 하자, 사람들이 모두 말렸다고 해. 목장까지 설치했지만 여전히 신룡의 존재를 믿으며 두려워하는 사람들이 있었던 거야.

하지만 이형상 목사는 유학을 철저히 받드는 사대부였어. 백성들이 불교나 무속에 기대는 것을 어리석은 풍속이라며 금지시켰고, 목사로 있을 때 제주도의 수많은 절과 신당 들을 불태워 버리기도 했지. 그 일은 『탐라순력도』의 「건포배은」이라는 그림에 잘 나타나 있어.

그런 이형상 목사가 신룡의 존재를 믿었을 리 없잖아. 목사는 우도 목장을 점검한 뒤 신룡이 산다는 어룡굴까지 보고 왔어. 그날은 다행히 날씨가 좋고 바람도 잔잔해서 아무 탈 없이 돌아올 수 있었지.

그 뒤로도 우도에는 말을 돌보기 위해 목자들이 한 번씩 다녀갈 뿐 정착해서 사는 사람은 없었다고 해. 그렇게 무인도로 남아 있던 우도는 헌종 8년(1842)부터 일구어지기 시작했어. 해산물이 풍부한 바다 덕분에 점차 사람들이 늘어났고, 하나둘 마을도 형성되었어.

농사짓고 고기 잡으며 사는 한적한 섬이었던 우도는 빼어난 경치가 알려져서 지금은 일 년에 몇십만 명씩 찾아오는 이름난 여행지가 되었지.

그런데 신룡이 살았다던 어룡굴은 어디 있느냐고?

지금 우도에 가서 "어룡굴이 어디 있나요?" 하고 물으면 사람들이 고개를 갸웃거릴지도 몰라. 어룡굴을 어떤 사람은 오늘날의 주간명월이라고 하고 또 어떤 사람은 동안경굴이라고 해.

두 굴은 우도에서 소의 머리 부분에 해당하는 쇠머리오름(우도봉) 아래쪽에 있어. 쇠머리오름은 바닷속에서 화산이 분출해 섬이 만들어진 뒤 다시 한 번 분출한 이중 화산이야. 오름이 바다와 닿은 쪽은 수직 벼랑인데, 이곳에 파도가 쳐서 동굴을 뚫어 놓은 거야.

주간명월은 낮에 뜬 보름달이라는 뜻이야. 햇살이 좋은 날 그 빛이 바닷물에 반사되어 동굴 안을 비추면 천장의 둥근 바위가 보름달처럼 보인다나. 목사가 본 "해 같기도 하고 달 같기도" 한 것이 이 모습이었을까?

동안경굴 역시 목사가 보았던 모습 그대로 입구가 무지개문 모양이고 안이 퍽 넓어. 동안경굴이란

바닷물에 햇빛이 반사되어 동굴 천장에 보름달이 뜬 것처럼 보여 달그리안 또는 주간명월이라고 한다.

글자 그대로 하면 '동쪽 해안의 고래굴'이라는 뜻인데, 정말 고래가 살아도 될 만큼 큰 동굴이지. 사람들은 이 굴을 고래콧구멍이라는 재미난 별명으로 부르기도 해.

이 동굴에서는 음악회가 열리기도 해. 악단과 관객들이 모두 들어갈 만큼 굴이 크고 소리 또한 잘 울릴 테니 제법 멋진 음악회가 될 것 같아. 고래콧구멍 안에서 음악을 들으면 어떤 기분일지 정말 궁금한걸.

동안경굴 안에서 열린 음악회

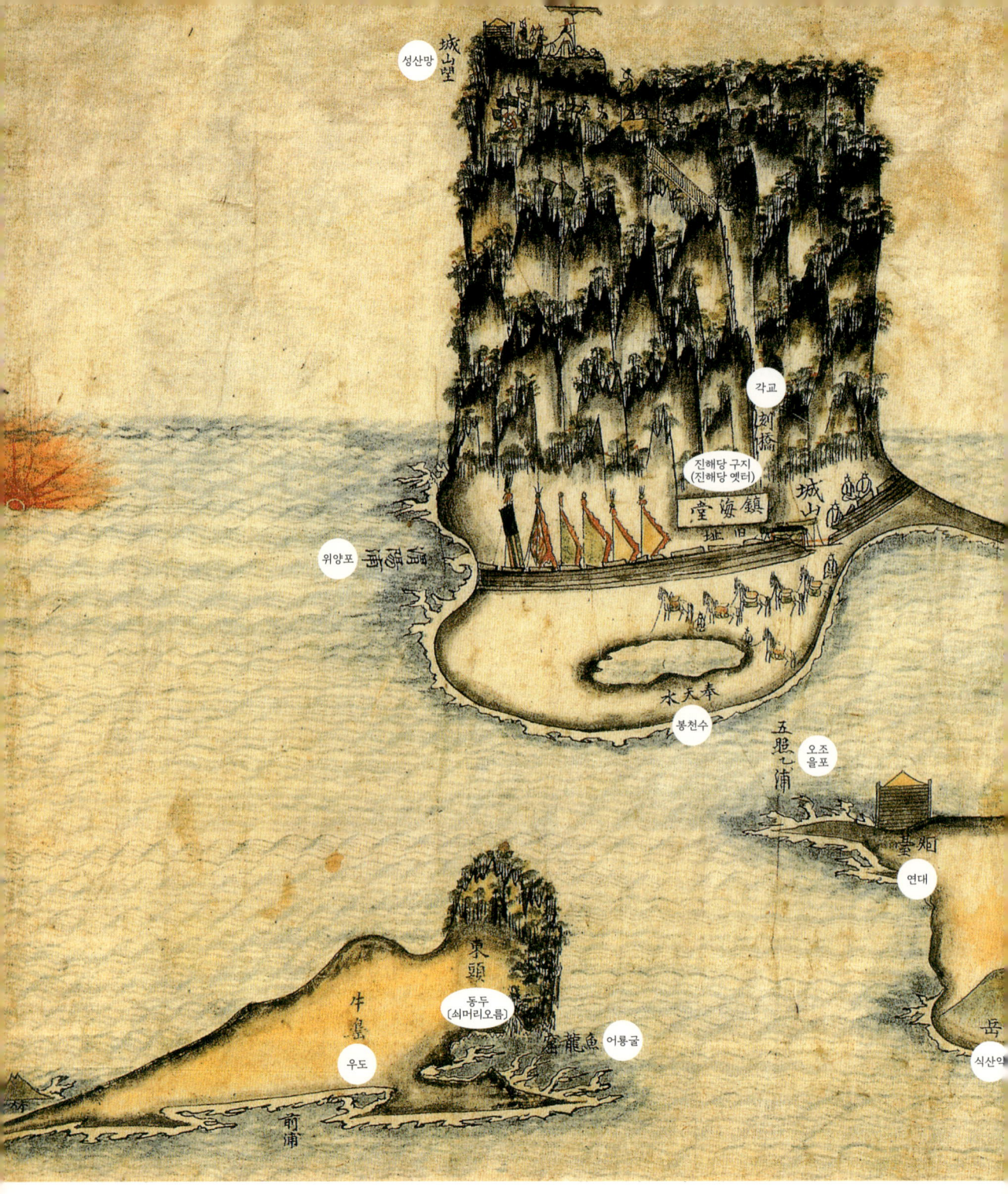

「성산관일」 목사 일행이 성산일출봉에서 해 뜨는 광경을 바라보고 있다. 성산은 깎아지른 벼랑에 숲이 울창한 모습이고, 벼랑을 오를 수 있도록 계단처럼 깎아 놓은 각교가 보인다.

성산 :
바다 위로 떠오르는 해를 보다

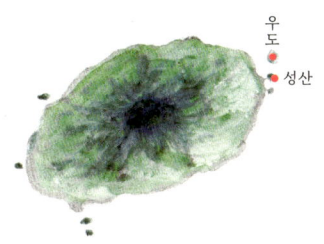

우도에 다녀온 뒤 오조포에서 하루 묵었다. 다음 날 성산에서 일출을 보기 위해서였다.

성산은 멀리에서 볼 때 사방을 대패로 깎아 놓은 듯한 모습이었는데, 가까이에서 보니 벼랑에 바위들이 울쑥불쑥 솟아 있었다. 꼭대기에 바위들이 빙 둘러선 것이 마치 장막을 친 것 같았다. 그야말로 천연의 성곽이었는데, 성산이라는 이름이 괜한 것이 아님을 알겠다.

다음 날 깜깜한 어둠 속에 길을 떠났다. 그믐이 가까운 데다가 그 달마저 보이지 않아 사방은 칠흑같이 어두웠다.

묘시(오전 5~7시) 즈음 진해당 터에 도착했다. **봉천수** 앞에서 말을 내려 성산을 오르기 시작했다.

봉천수 : 샘이 없는 지역에서 빗물을 저장하던 시설.

암벽을 오르기 쉽도록 곳곳을 계단처럼 깎아 놓았고, 바위에 구멍을 뚫고 나무를 매달아 길을 만들어 놓았다. 숲은 울창하고 길은 양의 창자처럼 구불거려 간신히 지나갈 수 있었다. 길 양쪽에서 바위들이 울쑥불쑥 나타나는데, 어둠 속에서 보니 사람이 서 있는 것 같기도 하고 거대한 짐승이 웅크리고 있는 것 같기도 했다.

길을 더듬어 간신히 정상에 다다를 즈음 희미하게 여명이 비치기 시작했다. 희미한 빛 속에서 눈을 크게 떠 보니 사방이 바다이고 철썩철썩 벼랑을 때리는 파도 소리가 요란했다.

동쪽 하늘이 점점 밝아지더니 바다 위로 금 쟁반 같은 해가 모습을 드러냈다. 해는 순식간에 공중으로 솟구쳐 세상을 환하게 비추었다.

"아!"

나도 모르게 감탄이 터져 나왔다.

세상은 언제 어두운 적이 있었냐는 듯 밝은 빛으로 가득했다. 어둠 속에서는 미처 몰랐는데 알고 보니 내가 고래 같은 파도 한가운데 있는 것이 아닌가! 절벽에 매달린 채 세찬 물살을 보고 있자니 눈이 어찔어찔하고 다리와 심장이 떨려 왔다.

바다 건너에는 우도가 언제든 소리쳐 부르면 응답할 것처럼 가깝게 보였다.

성산 꼭대기는 걸에서 보면 기암절벽으로 둘러싸여 있지만 그 안쪽이 가마솥처럼 깊이 패여 있다. 평평하게 펼쳐진 안쪽에는 과원이 조성되어 감귤나무 수백 그루가 자라고 있었다. 한창 익어 가는 감귤들이 아침 햇살을 받아 금빛으로 빛났다.

"한 가닥 연꽃이 용궁에서 솟아나는 것 같구나."

✽ 해돋이로 이름난 성산

성산은 제주도 동쪽 바다로 길쭉하게 뻗어 나간 끝에 있는 오름이야. 이런 위치 덕분에 예로부터 일출 명소로 손꼽혔고, 지금은 아예 일출봉이라는 말을 함께 붙여서 '성산일출봉'이라고 불러. 성산일출봉은 제주도에서 가

성산일출봉과 우도

장 인기 많은 관광지 중 한 곳일걸?

　성산은 5000년 전 바다 속에서 화산이 폭발해 생겨났어. 공기 중으로 흘러나오는 마그마와 달리 갑자기 물을 만난 마그마는 격렬하게 반응하며 잘게 부서지게 돼. 이렇게 부서진 고운 재와 돌가루, 돌덩어리 같은 것들이 쌓여 성산이 만들어진 거지.

　성산은 처음에는 섬이었는데 파도에 실려 온 모래와 자갈이 쌓여 본섬과 이어지는 길이 만들어졌어. 이런 땅을 육계사주라고 해. 성산의 육계사주는 길이가 2킬로미터 남짓 되고 가운데가 개미 허리처럼 잘록 들어가 있는데, 이곳은 폭이 50미터에 불과할 정도야. 성산에 올라가면 이 길이 한눈에 내려다보여.

성산은 멀리서 보면 바다에 우뚝 솟은 모습인데 정상 부분이 우묵하게 파여 있고 그 주변을 바위들이 둘러싸고 있어. 그 모습이 꼭 성처럼 보인다고 해서 성산이라는 이름을 얻었어. 옛날에는 사람이 드나들 수 없을 만큼 숲이 울창해서 청산이라고 불리기도 했대.

성산에는 과수원이 설치되었고 봉수대도 있었다고 해. 오늘날에는 흔적도 찾을 수 없지만 『탐라순력도』 「성산관일」에 그 모습이 뚜렷이 나타나 있어. 이 그림에는 성산을 빙 두른 성벽과 진해당 옛터도 표시되어 있어. 이곳에 한때 방호소가 있었던 흔적이야.

성산은 제주도 한쪽 끝 외진 곳에 있다 보니 왜구들이 숨어드는 일이 잦았어. 그러다 임진왜란이 일어나자 이경록 목사가 선조 30년(1597) 수산에 있던 방호소를 성산 아래로 옮겼어. 왜적이 쳐들어오면 성산을 최후의 보루로 삼아 싸우겠다면서 말이야. 하지만 이것은 적에게 포위될 위험이 오히려 큰 방법이야. 본섬과 이어진 길만 막아 버리면 꼼짝없이 바다에 갇히게 되잖아.

조정에서는 "왜적이 본섬으로 들어온다면 주인이 도리어 객이 되는 셈이니 좋은 계책이 아니다." 하면서 본섬으로 돌아가라고 했고, 방호소는 결국 2년 만에 수산으로 되돌아갔지.

수산진은 오늘날 성벽만 남아 수산 초등학교 울타리로 쓰이고 있는데, 제주도의 아홉 방호소 중 유일하게 바다와 떨어진 곳에 있어.

하늘에서 본 성산일출봉

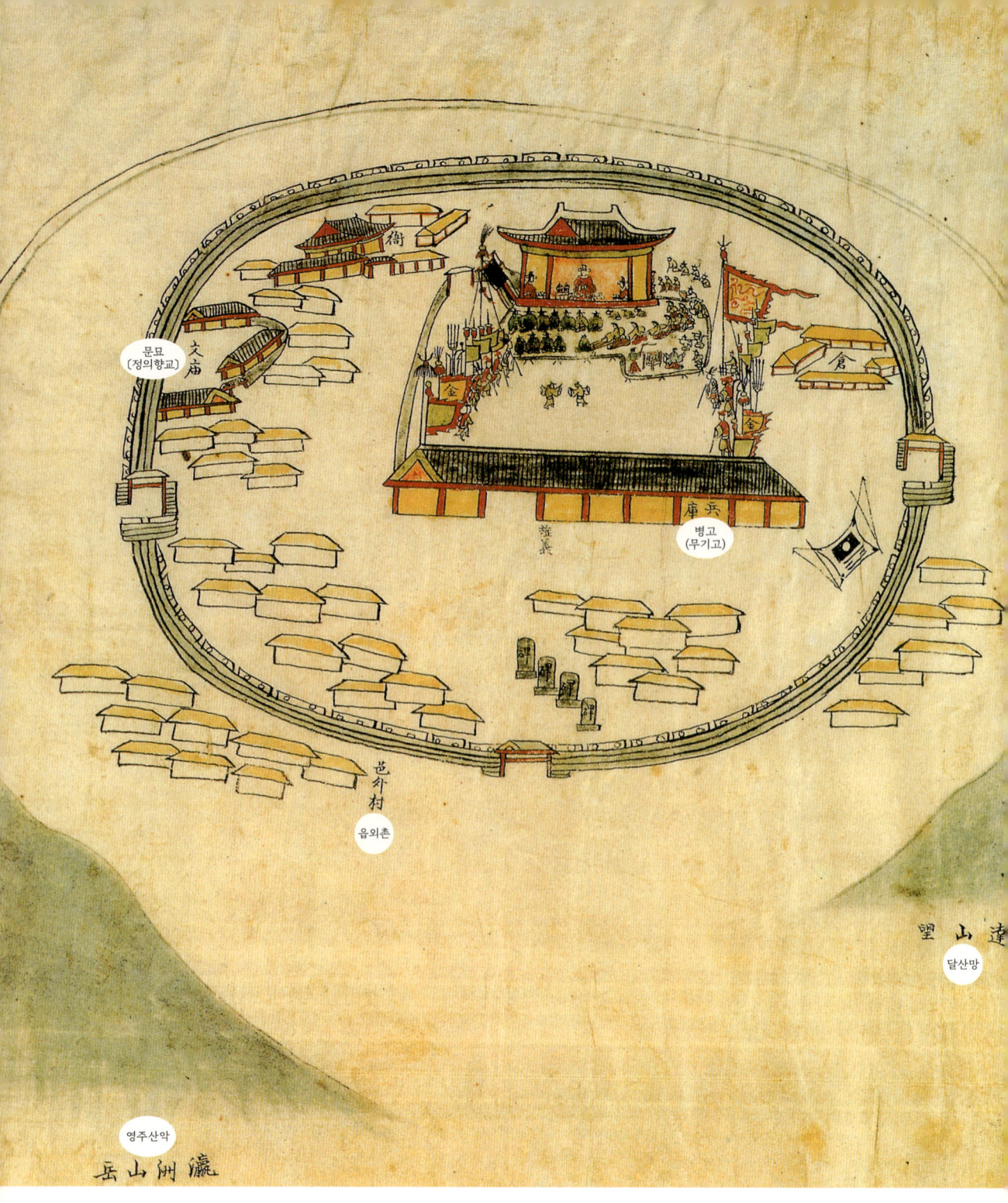

「정의양로」 정의현에서 양로 잔치를 여는 모습이다.
성안의 건물 배치를 간략하게 표현하면서 잔치가
열리는 객사를 두드러지게 그려 놓았다.

정의현 :
제주에는 왜 장수하는 사람이 많은가

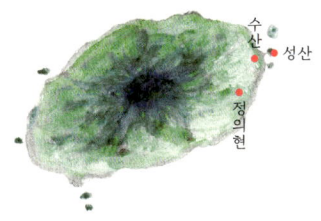

성산에서 일출을 본 뒤 수산진을 들러 정의현으로 갔다.

성산에서 마주 보이는 본섬 쪽에 너른 평지가 있는데, 이곳이 고려 말 처음 목마장이 설치된 수산평이다. 수산평은 정의현성이 처음 자리 잡았던 곳이기도 하다. 태종 16년(1416) 제주도를 3개의 읍으로 나눌 때 정의현 소재지를 수산에 두었던 것이다. 하지만 읍성치고는 너무 한쪽에 치우쳐 있다는 지적에 따라 세종 5년(1423) 현재의 자리로 옮겼다.

읍성은 옮겼지만 왜구의 출몰이 잦은 곳이라 방어 시설이 필요했고, 그에 따라 세종 19년(1437) 수산진이 설치되었다. 임진왜란 때 잠시 성산 아래로 옮기기도 했지만 곧 제자리로 돌아왔다.

수산진에서 군사 훈련과 방어 시설 등을 점검하면서 하루 머문 뒤 정의현으로 향했다.

정의현에 도착하자 문묘에 분향부터 했다. 고을 현황과 민가 수, 관할 목장의 소와 말, 목자 등 정의현에 대해 두루 점검했다. 정의읍성은 둘레 2986척에 높이 13척이고 동·서·남 세 곳에 문을 두었다. 민가는 12개 리에 1436호였다. 군사들을 사열한 뒤 첫날을 마무리했다.

다음 날에는 노인들을 초대해 잔치를 열었다. 양로 잔치를 위해 객사 앞에 임시 무대가 마련되었고, 악공과 기생 들이 가야금이며 대금, 장고 같은 악기를 날라 왔다. 정의현 객사는 제주목의 객사보다 더 크고 웅장했다.

잔치에는 80세 이상 노인 17명과 90세 이상 노인 5명이 참여했다. 몸이 아파 참석하지 못한 사람도 여럿이라 했다. 곳곳에서 양로 잔치를 열어 보았는데 제주도에는 특히 오래 사는 노인들이 많은 것 같다.

"전에는 100세를 넘긴 사람도 제법 있었습니다. 그런데 몇 년 전 돌림병 때문에 거의 사망하고 이 정도밖에 남지 않은 것입니다."

이 말을 하는 노인 역시 팔십이 넘었다는데 무척 정정해 보였다.

제주도에 장수 노인이 유난히 많은 이유는 무엇일까?

한 노인의 이야기로는 섬 가운데 우뚝 솟은 한라산이 남쪽 큰 바다의 나쁜 기운을 막아 주고, 북쪽에서 불어오는 찬 기운이 더운 습기와 열기를 몰아내기 때문이라고 한다.

현감은 노인성 때문이라는 속설을 들었다고 한다.

"노인성을 보면 장수한다고 하지 않습니까. 이 노인성을 한라산에서

노인성 : 남극성을 의인화한 것으로 예로부터 인간의 수명을 관장한다고 믿어 왔다.
우리나라에서는 춘분과 추분을 전후해 남해 일부와 제주도에서 볼 수 있다.

흔히 볼 수 있어 장수하는 자가 많다고 합니다."

그러자 한 노인이 고개를 가로저었다.

"더러 그런 말도 합니다만, 제주도에서도 남극노인성은 그렇게 흔히 볼 수 있는 것이 아닙니다. 춘분과 추분 때에 날이 활짝 개야만 반쯤 바라볼 수 있는 정도지요."

이유야 정확히 알 수 없지만 제주가 인다수고의 고장(오래 사는 사람이 많은 고장)이라는 사실만큼은 확실해 보였다. 노인들이 배불리 먹고 음악과 춤에 취해 즐거워하는 것을 보니 나 또한 마음이 흡족했다.

✽ 성읍 민속 마을로 더 알려진 정의읍성

정의읍성은 제주도에 있던 세 읍성 중 옛 모습이 남아 있는 유일한 곳이야. 혹시 정의읍성이 어디냐고 고개를 갸우뚱하는 사람이 있을지도 모르겠네. 지금은 성읍 민속 마을이라는 이름으로 더 많이 알려진 곳인데, 혹시 민속촌 정도로 생각했던 사람이 있을지도 모르겠는걸.

성읍에 가면 성벽이 마을을 빙 두르고 있고 그 안팎에 초가집들이 즐비해. 먼저 남문에서 출발하며 옛 정의읍성을 살펴보기로 해.

정의읍성 남문

남문 앞에는 돌하르방 두 쌍이 마주 서 있고, 성문을 보호하기 위해 앞으로 길게 빼서 쌓아 놓은 성벽(옹성)도 보여.

성안으로 들어가 마을을 거닐어 보면 돌로 쌓아 올린 벽에 지붕을 새끼줄로 묶어 놓은 초가집들이 보이고, 제주도식 뒷간인 돗통시도 볼 수 있어. 성읍에는 제주도 가옥의 옛 모습을 잘 간직해 중요 민속 문화재로 지정된 집도 다섯 채나 있지.

읍성이니까 관아 건물도 있었겠지? 북쪽 성벽 가까이에 현감이 업무를 보던 근민헌이 복원되어 있는데, 이 건물 외에는 주변이 모두 빈터야. 일제 강점기를 거치며 관아가 훼손되어 버린 거지.

정의읍성 안의 초가집

관아 건물들은 없지만 주변에 늘어선 아름드리 팽나무들과 느티나무가 정의읍성의 오랜 역사를 말없이 알려 주고 있어.

　읍성 서편에는 향교가 있어. 고을 하나에 향교 하나라는 원칙을 이곳에서도 확인할 수 있어.

　향교 후문으로 나오면 읍성 서문인데, 이곳에도 남문처럼 돌하르방 두 쌍이 마주 서 있어.

✱ 왕권을 상징하는 공간, 객사

　양로 잔치가 열렸던 객사는 읍성 한가운데 있어. 객사는 공무로 찾아온 관원들이 머물던 숙소인데, 왕권을 상징하는 곳이기도 해. 객사 중앙에는 전(殿) 자를 새긴 나무패를 모셔 두는데 이 전패가 임금을 상징해. 지방관은 망궐례라고 해서 매달 초하루와 보름날 이 전패 앞에서 절을 올려. 임금을 직접 뵐 수는 없지만 그 상징물인 전패 앞에 절하며 충성을 다짐하는 거야. 그래서 읍성 안에서 객사는 동헌보다 더 중요한 위치에 자리하게 돼.

　그런데 이 신성한 공간에서 먹고 마시는 잔치를 열었다고?

　자칫 무례해 보일 수 있지만, 거꾸로 생각하면 그만큼 양로 잔치를 중요하게 생각했다는 뜻이기도 해.

　조선은 유교를 통치 이념으로 삼은 나라인데, 유교에서 무엇보다 중요한 덕목이 '효'야. 노인을 공경하는 일은 결국 나라를 다스리는 근본 이념 중 하나인 셈이고, 양로 잔치는 그런 정신을 드러내는 일이었지.

왕은 기로연이라고 해서 봄가을로 70세 이상의 원로 문신들을 위한 잔치를 열었는데, 경험과 지혜가 많은 노인들의 말을 정치에 반영하겠다는 의미였지. 왕이 먼저 노인을 공경하는 모습을 보여 백성들이 본받게 하려는 의미도 있었고 말이야.

지방 수령들도 같은 의미에서 양로 잔치를 베풀었고, 관찰사나 목사가 지역을 순력할 때에도 먼저 양로 잔치를 여는 것이 관례였어.

제주는 예로부터 인다수고의 고장, 즉 오래 사는 사람이 많은 고장으

정의읍성 객사

로 이름나 있었대. 『신증동국여지승람』에는 "질병이 적어서 일찍 죽는 사람이 없고 나이 팔구십 세에 이르는 자가 많다."는 말이 나와. "70 혹은 80세 된 사람도 능히 들에 나가 농사를 지었다." 하고, 지방관들이 양로잔치를 했던 기록에는 100세 이상 노인에 대한 이야기가 제법 보여.

✱ 고을마다 생김새가 다른 돌하르방

정의읍성(성읍 마을)에 왔으면 각 성문 앞의 돌하르방도 빼놓지 말고 살펴봐.

돌하르방은 제주도의 상징이라고 해도 과언이 아니야. 제주도 곳곳에 돌하르방 조형물이 서 있고, 가게 간판이나 상품 이름에도 자주 등장해.

돌하르방에서 하르방은 제주도 말로 할아버지야. 우석목, 무석목, 벅수머리, 돌하르방, 돌영감, 수문장, 장군석, 동자석, 옹중석 등 여러 이름으로 불리다가 1970년대부터 돌하르방으로 널리 쓰이게 되었어.

그런데 돌하르방은 왜 만든 걸까? 읍성을 지키는 수호신 역할을 했을까? 사악한 기운을 막아 주는 주술적인 목적으로 세운 걸까? 아니면 다른 지방의 장승처럼 읍성의 위치를 알려 주는 이정표 역할을 했을까?

돌하르방을 왜 언제부터 만들었는지 정확히 밝혀진 건 없어. 제주도를 다녀갔던 사람들의 기록에도 돌하르방에 대한 내용은 보이지 않아.

『증보탐라지』라는 책에서는 영조 30년(1754) 김몽규 목사가 성문 밖에 돌하르방을 새로 세웠다고 했어. 이때 처음으로 만들어 세운 건지, 아니면 다른 곳에 있던 것을 보고 성문 밖에 새로 세운 건지는 정확히 알 수 없어.

지금 남아 있는 돌하르방은 본디 세 읍의 성문 앞에 서 있었대. 제주읍성에는 각 문에 네 쌍씩, 정의읍성과 대정읍성에는 각 문에 두 쌍씩 해서 모두 48기가 있었다고 해. 그런데 지금까지 성문 앞을 지키고 있는 건 정의읍성의 돌하르방들뿐이야. 대정읍성의 돌하르방들은 대정읍성이 있던 마을 여기저기에 흩어져 있어. 제주읍성의 돌하르방은 일제 강점기 이후 여기저기 옮겨 다니면서 뿔뿔이 흩어졌고 그나마 한 기는 어디로 갔는지 행방을 알 수 없다고 해.

제주읍성 돌하르방　　　정의읍성 돌하르방　　　대정읍성 돌하르방

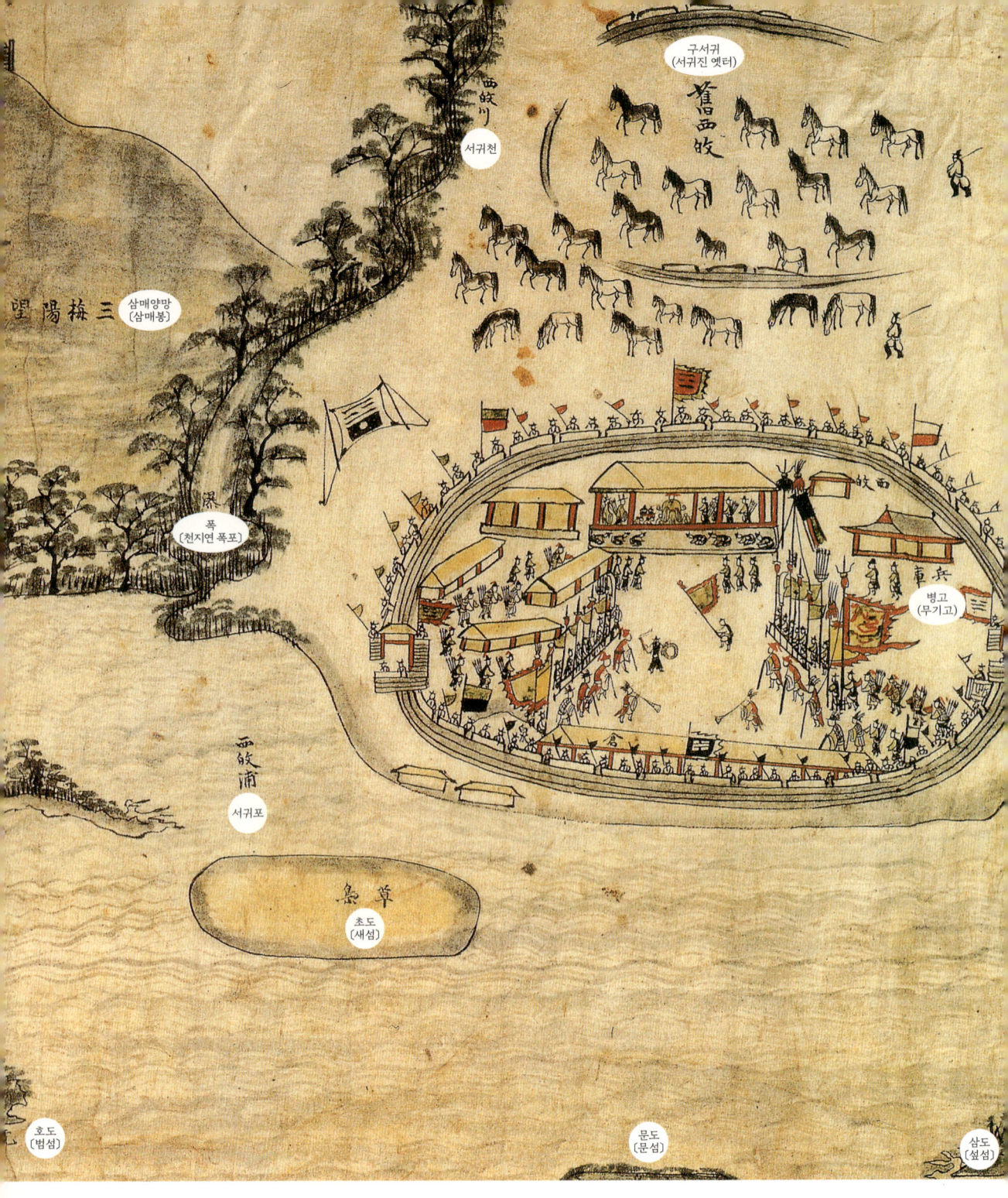

「서귀조점」 서귀진에서 군사 훈련을 실시하고 무기와 말을 점검하는 모습이다. 서귀포 앞바다의 섬들이 자세히 그려져 있다.

서귀진: 제주 남쪽 바다의 섬들

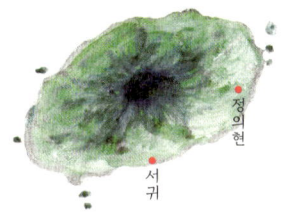

정의읍성에서 현의 서쪽 끝인 서귀포까지는 칠십 리, 그리 먼 거리는 아니었다. 길 또한 오르내리는 일이 별로 없이 오름과 오름 사이로 평탄하게 이어졌다. 하지만 도중에 머물 만한 곳이 없다는 게 문제였다.

정의현을 출발해 한참을 갔는데도 거친 억새만 덮여 있을 뿐 사람의 흔적을 만나기 어려웠다. 들판에는 말들이 자유롭게 돌아다니고 있었는데, 때로는 수백 마리씩 무리를 이루기도 했다.

중간쯤 되는 의귀에서 말을 먹이며 쉬었다. 의귀에는 40여 호가 모여 마을을 이루었고 원이 설치되어 있었다. 상하쇠돈을 지나 홍로천을 건너기 직전에 서귀진이 나타났다.

처음에는 서귀진을 홍로천 위쪽에 설치했다가 너무 안쪽에 치우쳐 있

원 : 나랏일로 여행하는 관원들에게 숙식을 제공하던 시설. 일반 여행자들도 이용할 수 있었다.

다고 해서 선조 22년(1589) 바다 가까운 곳으로 옮겼다.

　서귀진과 이웃 방호소들은 거리가 꽤 멀었다. 동쪽으로 수산진은 100리 넘게 떨어져 있고, 서쪽으로 모슬진도 80리가 넘었다. 결국 제주도 남쪽에는 서귀진 하나만 있는 셈이다. 그나마 성의 규모도 둘레 825자 5치에 불과했고, 군사도 70명이 채 안 된다.

　이것은 남쪽이 상대적으로 덜 위험한 탓이다. 왜구가 중국을 왕래할 때 제주도와 추자도 사이를 거쳐서 다니므로 동서쪽이 요충지가 되는 것이고, 제주도 남쪽으로는 먼 바다가 펼쳐질 뿐이라 배의 왕래도 적기 때문이다.

　서귀진은 언덕처럼 지대가 높은 곳에서 남쪽 바다를 누를 듯 내려다보고 있었다. 주변에 민가는 별로 없고, 성을 마주한 바다 가운데에는 가파르게 솟은 작은 섬들이 떠 있었다.

　서귀진 밑의 포구는 제법 넓었고, 좌우로 펼쳐진 높은 절벽이 바람을 막아 주었다. 앞바다에 떠 있는 섬들 역시 바람과 파도를 막아 주는 역할을 하니, 그야말로 서귀포는 천혜의 조건을 갖춘 곳이었다.

　"서귀포 바로 앞의 섬은 새섬(초도)이고, 왼쪽으로 나란히 보이는 것은 문섬과 섶섬입니다."

　조방장이 새섬, 문섬, 섶섬을 하나하나 가리키며 알려 주었다. 벼랑에 가려 성에서는 보이지 않지만 오른쪽으로는 범섬이 있다고 했다. 범섬은 고려 말 최영 장군이 목호들을 깨트린 곳이다.

서귀진성 안에는 작은 저수지가 파여 있는데, 동쪽 성벽 아래쪽에 구멍을 파고 밖에서 물길을 끌어와 사용한 뒤 서쪽으로 흘려보내는 것이다. 서귀진성은 물론이고 주변 농경지가 모두 이 물을 사용한단다.
　이 물줄기가 바다로 들어가는 곳에 정방 폭포가 있다. 정방 폭포의 경치가 뛰어나다는 말은 전부터 듣던 바, 서귀진 점검을 마친 뒤 찾아가기로 했다.

✱ 제주 남쪽의 중심지, 서귀포

서귀진이 있던 곳은 지금의 서귀포시 서귀동으로, 서귀포항 북쪽 언덕 위에 터가 남아 있어. 지금은 터 주변에 집이 제법 많고 항구도 꽤 크지만, 조선 시대까지만 해도 서귀포는 정의현 서쪽 끝의 작은 포구에 지나지 않았어. 1702년 그려진 『탐라순력도』만 보더라도 서귀포구와 서귀진 주변에 집이 별로 보이지 않아. 이곳보다는 위쪽의 홍로가 훨씬 큰 마을이었지.

홍로에는 일찍부터 마을이 형성되었다고 해. 한라산 남쪽 기슭에 있어서 산이 북풍을 막아 주니 한겨울에도 따뜻하고, 땅이 비옥하고 물도 좋았기 때문이야. 홍로천을 중심으로 서홍로, 동홍로로 나뉘었는데 지금도 서홍동과 동홍동이라는 마을 이름으로 그 흔적이 남아 있지.

홍로천은 지도에 따라 서귀천으로 표시된 것도 있고 서홍천, 연외천, 솜반내, 선반내 등의 이름이 섞여서 쓰이고 있어. 이 홍로천이 바다로 흘러드는 지점에 천지연 폭포가 있지.

천지연 폭포에서 떨어진 물이 흘러 나가는 곳에 서귀포항이 있는데 이 일대에 마을이 형성되기 시작한 것은 홍로 위쪽에 있던 서귀진이 옮겨 오면서부터야.

서귀진과 포구 주변에 민가가 별로 없자 나라에서는 백성들을 불러들이기 위해 성 근처의 버려진 목장을 나누어 주고 세금을 줄여 주었어. 또 먹을 물과 농사에 필요한 물을 해결하기 위해 정방 폭포 상류의 물을 끌어왔지.

그렇게 서귀진 주변에 마을이 형성되다가 1930년대부터 서귀포항이 본격 개발되면서 사람들이 몰려들었고, 한라산 남쪽의 중심지로 급성장하게 되었어.

그런데 '서귀'란 서쪽으로 돌아간다는 뜻이야. 이곳에서 서쪽으로 가면 중국인데, 왜 이런 이름이 된 걸까?

탐라에서 원나라에 조공할 때 배들이 이곳에서 기다리다 출발했기 때문에 '서귀'라고 불렀다는 이야기도 있고, 진시황의 명으로 불로초를 찾아다니던 서불과 관련 있다는 이야기도 있어. 제주도에 온 서불이 정방 폭포를 보고는 경치에 감탄해서 그 벼랑에 서불과차(서불이 지나갔다)라는 글자를 새겨 놓고 서쪽으로 돌아갔다는 거야.

서귀포라는 지명에 붙어 다니는 말 중 하나가 '칠십 리'야. 사람들은 '서귀포 칠십 리'라는 말을 자연스럽게 써. 서귀포시의 축제 이름도 칠십 리 축제고 말이야. 이 말은 이원조 목사가 쓴 『탐라지』에 있는 "정의현에서 서귀포까지는 칠십 리다."라는 말에서 비롯된 건데, 1940년대 서귀포에 대한 그리움을 노래한 「서귀포 칠십 리」라는 노래가 크게 유행하면서 널리 쓰이게 되었어. 어찌 보면 단순히 거리를 나타내는 표현인데, 이 말이 서귀포의 상징처럼 된 거야.

＊ 서귀포 앞바다의 섬들

서귀진에서 내려다보이는 섬들은 어떤 섬들일까? 『탐라순력도』에도 그 섬들이 표현되어 있으니 한 번 찾아봐.

서귀포항 바로 앞에는 새섬이 있어. 새(띠)가 많이 자라서 새섬이라는데 한자로는 초도(草島)라고 했네. 썰물 때면 걸어서 들어가곤 했다는데 지금은 다리를 연결해서 언제든 섬에 갈 수 있어.

새섬 뒤로 보이는 건 문섬이야. 옛날 기록에는 독도(禿島)라고 되어 있는데 '독'은 대머리라는 뜻의 글자야. 아무것도 자라지 않는 민둥섬이라

'믠섬'이라고 하다가 음이 변해서 문섬이 되었어. 1696년 이 섬을 본 이익태 목사가 거대한 돌봉우리라고 한 걸 보면 그때도 민둥섬이었던 모양인데, 지금은 섬 위쪽에 나무들이 꽤 많이 자라고 있어.

문섬에서 동쪽으로 보이는 건 섶섬(삼도)이야. 구실잣밤나무·담팔수·후박나무·사스레피나무·사철나무 같은 아열대 식물로 뒤덮여 있고, 특히 파초일엽은 우리나라에서 이 섬에만 자란대.

서귀포항과 다리로 연결된 새섬. 왼쪽으로 보이는 섬이 섶섬이고 오른쪽은 문섬이다.

이 섬들과는 서쪽으로 조금 떨어진 곳에 범섬(호도)이 있어. 멀리서 보면 큰 호랑이가 웅크리고 있는 모습 같다고 해서 범섬이야. 높이 80미터의 깎아지른 절벽이지만 정상부는 평탄한 데다가 물까지 솟아 한때는 사람들이 들어가 살았다는군. 제주도에만 자생하는 박달목서를 비롯해 140종 넘는 식물이 자라고, 바다 속에는 연산호가 자라는 등 학술적 가치가 커서 문섬과 함께 천연 보호 구역으로 지정되었어.

범섬 앞바다는 고려 말 최영 장군이 목호의 난을 진압한 현장이기도 해. 목호란 제주도에 설치된 목마장에서 가축들을 돌보던 몽골인 목자를 말해.

삼별초가 진압된 뒤 잠시 원나라의 통치를 받던 제주도는 충렬왕 20년(1294) 다시 고려에 귀속되었어. 고려 조정에서는 탐라에서 제주로 이름을 바꾸고 목사와 판관 등 관리를 내려 보냈어. 하지만 제주도에는 여전히 목호 세력이 남아 있었고, 공민왕이 새로 우호 관계를 맺은 명나라에 말을 보내려 하자 이에 반발해 난을 일으켰지.

목호 세력은 최영 장군이 이끄는 고려군에 맞서 한 달 넘게 치열한 전투를 벌이다 범섬까지 밀려들어 갔고, 직접 배를 몰고 쫓아온 최영 장군에게 전멸되고 말았지.

그때 일과 관련된 이야기가 외돌개에 전해지고 있어. 바다에 홀로 우뚝 서 있는 바위라 외돌개라고 하는데, 목호들이 범섬으로 도망쳤을 때 최영 장군이 이 바위를 장군 모습으로 꾸며 놓았대. 그랬더니 목호들이 거대한 장군인 줄 알고 두려워서 스스로 목숨을 끊었다는 거야. 그래서 외돌개는 장군바위라는 별명을 얻게 되었어.

외돌개와 범섬은 3킬로미터 정도 거리를 두고 마주 서 있는데, 범섬에서 외돌개를 보면 진짜 장군처럼 보일까?

외돌개와 뒤로 보이는 범섬

「**천연사후**」 천지연 폭포에서 활쏘기를 즐기는 모습이다. 폭포 가운데 줄에 매달린 것은 허수아비로, 날아간 화살을 여기에 꽂아 주면 줄을 당겨 돌려받았다.

서귀포 폭포들: 바다 가까이에서 떨어지는 폭포들

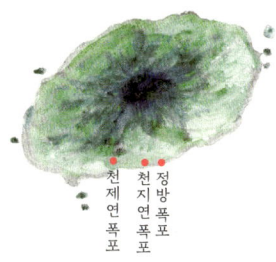

서귀진에서 동쪽으로 한 마장 떨어진 곳에는 정방 폭포가, 서쪽으로 한 마장 떨어진 곳에는 천지연 폭포가 있다. 예까지 와서 폭포를 그냥 지나친다면 섭섭할 일이다.

"두 폭포 모두 가까이에 있으니 들러 보실 만합니다. 천 리 길이라도 마다하지 않고 찾아가 볼 만한 곳이지요."

정의현감과 조방장이 한목소리로 폭포 구경을 권유했다.

정방 폭포 가는 길에는 아름드리 소나무들이 빽빽이 늘어서 장관을 이루었다. 비탈길을 타고 바다 쪽으로 내려가니 커다란 자갈밭에 푸른 절벽이 깎아 세운 듯 서 있었다. 바위 절벽을 타고 거세게 날아 떨어지는 물줄기가 흡사 석문을 가르고 나오는 듯했다. 폭포는 물결치는 바다로 바로

마장 : 주로 5리나 10리가 못 되는 짧은 거리를 말할 때 '리' 대신 쓰는 단위.

통했다.

"은하수가 넓은 바다로 곧장 쏟아지는 것 같구나."

물 떨어지는 소리가 천지를 울리고, 물보라에 햇빛이 반사되며 나타나는 무지개가 푸른 바다와 어우러져 신비스런 느낌을 자아냈다. 감탄이 절로 나는 절경 중 절경이었다.

내친김에 천지연도 보러 갔다. 천지연은 포구에서 깊숙이 들어간 곳에 있었다. 안쪽으로 들어가니 좌우로 암벽이 병풍처럼 둘러서 있고, 계절을 잊은 듯 푸른 나무들이 빽빽했다. 가장 안쪽 암벽으로 물이 쏟아져 내리는데, 높이는 정방 폭포보다 짧지만 폭은 배가 넘어 보였다.

폭포는 으레 깊은 산중에 있는 줄로만 알았건만, 산속이 아닌 바닷가에 이런 폭포들이 있다는 것이 눈으로 보면서도 믿기지 않았다.

천지연 폭포는 개성의 박연 폭포와 어딘가 비슷하다는 느낌이 들었다. 비록 웅장함에서는 박연 폭포에 견줄 바가 못 되지만 은근한 맛은 천지연 폭포가 더 나은 것도 같다.

서귀진을 지나면 대정현으로 들어서게 되는데, 그 초입인 색달촌에도 큰 폭포가 있다. 옥황상제를 모시는 일곱 선녀가 옥피리를 불며 내려와 노닐었다는 천제연 폭포이다. 천제연 폭포는 마치 평지가 움푹 꺼진 것처럼 깊숙이 패여 있는 골짜기 안에 있다. 골짜기 안은 늦가을답지 않게 포근했고, 푸른 나무들이 울창하게 계곡을 메우고 있었다.

폭포는 상폭과 하폭이 있는데 상폭은 크기가 천지연 폭포와 비슷하고

『탐라순력도』「현폭사후」의 일부. 천제연 폭포에서의 활쏘기를 그린 것으로, 화살을 옮기는 허수아비가 보인다.

삼면에 삐죽삐죽 각진 바윗돌이 둘러서 있었다.

폭포에서 사람들이 활쏘기를 준비하고 있었다. 한쪽 벼랑 위에 활을 쏘는 정자가 있고, 폭포 건너편 벼랑 위에 과녁을 설치해 놓았다. 양쪽 벼랑 사이에는 큰 줄을 묶어 놓았는데 그 위에 사람의 형체가 보였다.

"폭포 위에서 줄타기를 하는 것인가?"

놀라서 다시 보니 풀로 만든 허수아비를 매달아 놓은 것이다. 이것은 맞은편 벼랑으로 날아간 화살을 돌려받기 위한 것으로, 과녁 쪽에 있던 사람이 화살을 주워 허수아비에 꽂아 주면 줄을 당겨서 건네받는 것이다.

장쾌한 폭포 소리와 울창한 숲을 배경으로 하는 활쏘기와 더불어 공중을 걸어 다니는 허수아비까지, 천제연 활쏘기는 듣던 대로 대단한 구경거리였다.

* 바다로 곧장 떨어지는 정방 폭포

제주목사가 섬을 한 바퀴 돈 건 물론 공무를 수행하기 위해서야. 그렇긴 해도 멋진 경치를 보고 그냥 지나치긴 힘들겠지? 그래서 가는 곳마다 틈을 내서 명소를 들러 보곤 했는데, 서귀포에서는 폭포들이 눈길을 끌었을 거야.

정방 폭포, 천지연 폭포, 천제연 폭포라면 다들 이름 정도는 들어 봤을

정방 폭포

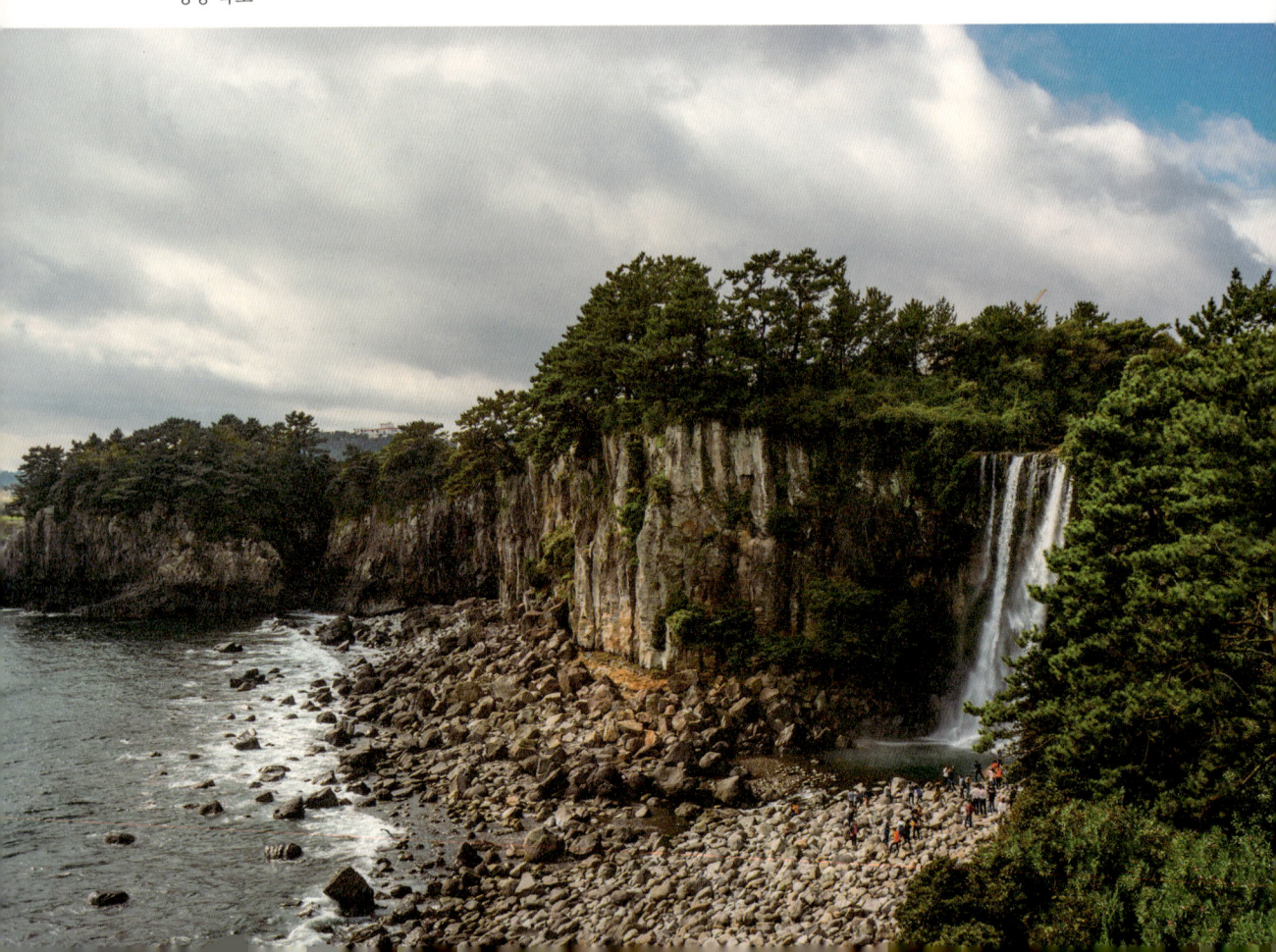

걸. 폭포라면 보통 깊은 산속 계곡을 생각하게 되는데, 제주도의 폭포들은 바다 가까이에 있어. 산속에서 보는 폭포들과 많이 다른 것은 물론, 세 폭포들끼리도 서로 다른 개성을 뽐내.

우선, 정방 폭포는 바다로 곧장 떨어지는 폭포로 유명해. 바닷가 벼랑으로 떨어지는 정방 폭포를 보려면 가파른 계단을 따라 내려가야 하지. 20미터가 넘는 벼랑에서 떨어지는 장쾌한 물줄기에 감탄하고, 거기에 햇빛이 반사되면서 나타나는 무지개에 다시 한 번 감탄하게 되는 곳이야. 정방폭포는 여름철에 바다로 나아가서 바라보면 더욱 장관이라는군.

옛날에는 폭포 위에 소나무가 울창했다고 해. 『탐라순력도』 중 「정방탐승」에도 폭포 주변 소나무가 퍽 강조되어 있어. 하지만 지금은 그 모습을 찾을 수 없고, 대신 구실잣밤나무, 담팔수 같은 상록 활엽수가 자라고 있어.

불로초를 찾으러 왔던 서불이 정방 폭포 바위에다 서불과차라는 글자를 새겨 놓았다는 전설이 있지만, 너무 오래돼서 그런 건지, 그저 전설은 전설일 뿐이라 그런 건지 그 글자는 보이지 않아.

* 울창한 난대림 속의 천지연 폭포

천지연 폭포는 서귀포항에서 안쪽으로 깊숙이 들어간 골짜기에 있어. 널찍한 벼랑에서 쏟아지는 물줄기가 장쾌하고, 골짜기를 메운 상록수들이 또 다른 장관을 연출하고 있어. 천지연 계곡에는 담팔수를 비롯해 구실잣밤나무, 동백나무, 까마귀쪽나무, 후박나무, 아왜나무, 참식나무, 새덕이, 조록나무 같은 난대림이 무성해. 천지연의 담팔수 자생지는 천연기념물 163호로, 난대림은 379호로 지정되어 있어.

　천지연에는 천연기념물이 하나 더 있는데, 바로 제주 무태장어 서식지야. 무태장어는 몸이 2미터까지 자라는 뱀장어과 물고기인데 민물에서 살다가 알을 낳을 때는 바다로 내려간대.

천지연 폭포

천지연 골짜기의 양쪽 벼랑에서 옛 사람들은 활쏘기를 즐겼다고 해. 지금은 나무가 울창해서 잘 상상이 안 되지만 말이야.

목사가 활쏘기를 구경한 곳은 천제연 아니었느냐고?

맞아! 천제연 폭포에서도 이런 활쏘기를 즐겼어. 『탐라순력도』 중 「천연사후」와 「현폭사후」는 각각 천지연 폭포와 천제연 폭포에서의 활쏘기를 담은 그림이야. 폭포에서의 활쏘기를 두 장면이나 남긴 걸 보면 그 모습이 퍽 인상적이었던 모양이야.

폭포에서 단순히 경치만 감상하는 게 아니라 그 폭포 너머로 활시위를 당기며 무예를 즐기는 모습은 생각만 해도 호방한 기운이 느껴져. 게다가 허수아비가 줄을 타며 화살을 운반해 주다니, 상상만으로도 꽤 멋진걸.

* 그윽한 골짜기 속의 천제연 폭포

천제연은 옥황상제의 못이라는 뜻이야. 옥황상제를 모시는 일곱 선녀가 별빛 가득한 밤에 옥피리를 불며 내려와 노닐던 곳이라나. 천제연 구름다리에 선임교라는 이름을 붙이고 선녀들을 조각해 놓은 건 그래서야.

천제연은 소천지 또는 천지연이라고도 불렸대. 옛 문헌이나 지도에는 간혹 이곳이 천지연으로 표시된 경우가 있어.

천제연은 정방 폭포나 천지연 폭포와는 좀 떨어진 중문 지역에 있어.

지금은 모두 서귀포시에 속하지만 조선 시대에는 서귀포는 정의현에 속했고 중문은 대정현 소속이었어. 두 지역은 풍속과 언어가 서로 달랐다고 해.

천제연 역시 천지연처럼 난대림이 무성한 골짜기 안에 있어. 천제연 폭포는 상단과 하단으로 되어 있고 그 아래에 작은 폭포가 또 하나 있어. 그런데 폭포를 구경하느라 산책로를 걷다 보면 인공으로 만들어 놓은 수로가 보여.

이 수로는 천제연 폭포의 물을 농경지로 끌어다 쓰던 관개 수로야. 1906년부터 지역 주민들이 참여해 수로를 만들었는데 지금처럼 중장비

천제연 폭포

도 없던 시절에 곡괭이와 정만 가지고 바위 절벽을 뚫었다니 정말 힘든 공사였을 거야. 그렇게 고생한 보람으로 중문 일대에서는 논농사를 지을 수 있게 되었지.

이 논들은 중문 관광 단지가 개발되면서 사라졌지만, 천제연 폭포 산책길에 그때 만든 수로 중 일부가 남아 있는 거야.

여행 가서 멋진 경치를 구경하는 것도 좋지만 기왕이면 그곳에 살던 사람들의 삶이 담긴 흔적을 함께 더듬어 보는 것도 좋을 것 같아.

천제연 폭포 산책로 옆에 남아 있는 관개 수로

「산방배작」 산방산에 있는 굴절(산방굴사)에서 술자리를 갖는 모습이다. 용머리 해안, 형제섬, 송악산, 군산 등은 오늘날에도 쉽게 찾아갈 수 있고, 산방산 아래 도로도 사용되고 있다.

산방산:
바닷가에 둥글게 솟은
바위산

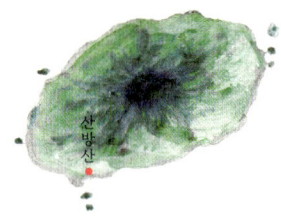

천제연 폭포를 지나 대정현으로 가는 데에는 큰 숲을 두 개나 지나야 했다. 나무가 하늘을 가린 숲이 하나는 4~5리에 이어졌고 또 하나는 3~4리에 걸쳐 있었다. 억새가 무성했던 동쪽과는 전혀 다른 모습이었다.

"이렇게 숲이 무성하면 대낮에도 다니기 어렵겠습니다. 무엇보다 사나운 짐승이라도 나타날까 봐 걱정입니다."

배 비장이 잔뜩 긴장한 얼굴로 말했다.

다행히 제주도에는 호랑이나 표범, 곰, 이리 같은 맹수가 없고, 사나운 짐승이래야 살쾡이나 오소리 정도라고 한다. 제주도에 목장이 설치된 데에는 지형적인 조건과 함께 맹수가 없다는 점도 크게 작용했을 것이다.

대정현이 가까워질 즈음, 바닷가에 언덕처럼 솟은 땅 위에 산방산이 우뚝 솟아 있었다. 둘레가 족히 십 리는 되어 보이는데, 산의 형상이 어찌 보면 엎어 놓은 가마솥 같고 어찌 보면 종 모양 같기도 했다.

산 자체가 돌덩이 하나로 이루어진 것 같으면서도 그 겉면은 휘장을 쳐 놓은 듯, 국수 다발을 늘어놓은 듯 흰 바위들이 세로로 쭉쭉 찢어진 모양이었다. 제주도는 어디를 가든 바위가 검고 구멍이 뿡뿡 뚫린 것이 많던데 산방산의 바위는 단단한 흰색이고 결이 촘촘했다.

바다를 마주 보는 남쪽 중턱에 굴이 있는데 승려가 살고 있어서 굴절이라고 부른다 했다. 산 이름이 산방이 된 것도 굴절 때문이라고 한다.

아름드리 소나무가 수문장처럼 버티고 선 입구를 지나니 좁은 길이 구불구불 꺾어졌다. 위험하기까지 한 길이었지만 그 수고로움에 보답이라도 하듯 굴절에서 아래를 내려다보니 가슴이 뻥 뚫리는 듯했다.

산 바로 아래에는 마치 짐승이 머리를 내민 것처럼 바다 쪽으로 튀어나간 땅이 있는데, 그 생김새 때문에 용머리라고 부른다 했다.

앞바다에는 바위 두 개가 나란히 서 있었다. 오는 길에 봤을 때는 바위가 하나 같았는데 서로 크기가 다른 바위들이 형제처럼 나란했다.

"형제섬은 입운석이라고도 하고 고망난 섬이라고도 합니다."

대정현의 아전 하나가 이곳저곳을 가리키며 알려 주었다.

형제섬 너머 먼 쪽으로 평평하니 방석 같은 모양의 섬 두 개가 떠 있는데 왼쪽으로 보이는 것이 마라도이고, 오른쪽의 것은 가파도였다. 두 섬 모두 사람은 살지 않고 잠녀들만 전복을 따러 드나든다는데 이곳에서 나

고망 : 구멍의 제주도 말.
촌 : 길이의 단위로 '치'라고도 한다. 1촌은 약 3센티미터이다.

는 전복은 꽤 커서 간혹 5~6촌이 넘기도 한단다.

대정현이 있는 서쪽을 바라보니 바다 쪽으로 길게 뻗어 나온 땅이 보였다. 마치 평야에서 불쑥 솟아오른 산이 바다를 향해 달리다가 우뚝 멈춘 것 같았다. 송오름(송악)인데, 멀리서 보아도 벼랑이 무척 높아 보였다.

굴절은 돌로 벽을 두르고 돌로 자리를 깔고 돌로 천장을 얹었는데 제법 넓어서 수십 명이 들어갈 만했다. 산방이라는 이름이 이래서 붙었나 보다. 굴 천장에서 물이 방울방울 떨어지는 것을 통을 놓아 받고 있었다. 하루 종일 받아야 겨우 한 동이가 된다고 한다. 호기심에 물을 마셔 보니 맛이 매우 맑고 상쾌했다.

물맛이 좋다고 했더니 일꾼들이 그 물로 밥을 지었고 대정 관아에서 준비해 온 몇 가지 음식으로 소박한 술자리가 마련되었다.

술잔을 들이켜다 문득 고개를 돌리니 굴문 너머로 보이는 푸른 바다가 가을 햇살에 눈부시게 반짝거렸다.

물이 매우 맑고 상쾌하구나!

* 산방산과 용머리 해안

옛 기록에 보면 중문에서 산방산까지 갈 때 큰 숲을 두 개나 지났다는데 지금으로서는 실감이 나지 않아. 도로가 워낙 잘 닦여 있고 주변에 마을도 많으니 말이야. 인근의 안덕 계곡이며 화순 곶자왈 등을 보며 미루어 짐작만 할 뿐이지. 곶자왈이란 제주도의 특이한 화산 지형을 말하는데 크고 작은 바위들과 나무, 덩굴 식물 등이 뒤엉켜 자라는 곳을 말해. 제주도만의

산방산

독특한 숲이라고 생각하면 될 것 같아.

산방산은 바닷가에 우뚝 솟은 데다 특이한 생김새 때문에 눈에 확 띄어. 종 같기도 하고 모자 같기도 한 모양인데 무척 가팔라 보여. 생김새를 봐서는 한라산 백록담이 파인 곳에 산방산을 거꾸로 끼워 넣으면 딱 맞을 것 같기도 해. 그래서인지 산방산과 한라산에 관한 재미있는 전설이 전해 와.

까마득한 옛날 어떤 사냥꾼이 한라산 꼭대기에 올라가 사슴을 향해 활을 쏘았는데 그만 헛나가서 옥황상제를 맞추고 말았대. 이에 화가 난 옥황상제가 한라산 꼭대기를 뽑아 던지는 바람에 산방산이 생겼다나. 또 설

용머리 해안

문대할망이 한라산을 만들다가 너무 높아서 봉우리를 꺾어 던진 게 산방산이라는 전설도 있어.

그런데 사실은 산방산이 한라산보다 훨씬 먼저 생겼어. 한라산은 생긴 지 2만 5000년쯤 됐지만, 산방산은 70~80만 년 정도 됐거든. 산방산을 만든 용암은 점성이 강해서 멀리 흘러가지 못하고 분화구 주위에 엉겨 붙으면서 둥글게 솟아 종 모양이 되었어.

산방산은 높이가 해발 395미터에 둘레는 4킬로미터 가까이 돼. 구실잣밤나무, 참식나무, 후박나무, 생달나무, 육박나무, 돈나무, 까마귀쪽나무 등이 우거지고 지네발란, 섬회양목, 풍란, 석곡 같은 희귀 식물이 자라고 있어서 천연기념물로 보호받고 있어.

산방산 바로 아래 바다 쪽으로 뻗어 나간 곳은 용머리라고 해. 제주시 용연 옆에 있던 용두암 기억나? 제주시의 용두암은 바다 쪽으로 머리를 내밀고 하늘을 바라보는 모양인 데 비해 산방산 아래 용머리는 바다로 들어가려는 모습이야.

용머리 아래 바닷가를 따라 걷노라면 돌가루를 켜켜이 쌓아 놓은 듯한 절벽이 구불구불 이어지며 원시적인 느낌을 자아내.

* 산방굴사, 가파도, 마라도

산방굴사로 불리는 굴절은 해발 200미터쯤 되는 산 중턱에 있는데 언제 창건되었는지는 알 수 없어. 고려 시대 혜일이라는 승려가 수도했다는 말이 있고, 『신증동국여지승람』에 "산의 남쪽에 큰 돌구멍이 있는데……(중략) 어떤 중이 굴 가운데 집을 짓고 살아서 굴암이라 하였다."는 기록을 보면 줄곧 암자로 이용된 듯해.

산방굴사 앞에는 소나무 한 그루가 수백 년 동안 자리를 지키고 있었어. 『탐라순력도』 「산방배작」에는 굴절 앞에 큰 나무가 보이고, 현대에 와서 산방굴사를 찍어 놓은 사진에도 늘 이 나무가 보이곤 했지. 그런데 이 나무는 2013년 여름 소나무재선충 때문에 말라 죽고 말았어.

산방굴사는 산 중턱 천연의 굴에 만든 절이라는 특이함이 있는 데다가 바다 쪽을 향해 바라보는 멋이 으뜸이야.

바로 앞에 보이는 섬은 큰 암벽이 나란히 서 있어서 형제섬이라고 해. 썰물 때에는 바닷물에 잠겨 있던 암초들이 드러나기 때문에 방향에 따라 3~8개로 보이기도 해.

시야를 멀리 옮기면 오른쪽으로 납작하게 보이는 섬이 가파도야. 가오리 모양이라 가파도라 했다는 말이 있는가 하면, 섬이 덮개 모양이라 개도(蓋島)라 했다는 말도 있어. 개파도, 가을파지도, 더바섬, 더우섬 등 여러 이름이 전해져. 섬 전체가 방석처럼 평평한데 가장 높은 곳이 해발 20미터밖에 안 될 정도야. 또 숲이 없고 대부분 보리밭이라 푹신한 느낌마저 들어. 혹시 모르지, 설문대할망이 가파도를 방석으로 썼을지 말이야.

보리밭 사이를 걷다 보면 여기저기 고인돌이 눈에 띄는데 기원전 1세기부터 기원후 2세기 사이에 조성된 것으로 130여 기가 있어. 고인돌을 만든 사람들은 어디로 갔는지 섬은 줄곧 무인도였다가 영조 27년(1751) 목장을 만들면서 다시 사람이 살기 시작했어.

가파도를 향하던 시선을 왼쪽으로 돌리면 마라도가 보여. 배를 타고 마라도에 가면 먼저 깎아지른 듯한 절벽 아래 닿게 되지만, 막상 절벽 위로 올라가면 완만하게 풀밭이 펼쳐지지. 마라도는 본래 울창한 원시림으로 덮인 무인도였는데 19세기 말 들어온 주민들이 밭을 일구려고 숲을 모두 불태운 거래.

마라도는 남북으로 길쭉한 모양이고 섬 가장 남쪽에는 '대한민국최남단'이라고 적힌 비가 서 있어. 대한민국 영토의 가장 남쪽임을 알리는 기념비야. 사람들이 마라도를 많이 찾는 데에는 국토 최남단을 직접 밟아 보고 싶다는 마음도 한몫했을 거야.

* 사람 발자국이 화석으로 남아 있는 곳

산방산을 지나 바닷가를 따라 대정 쪽으로 조금 가면 바닷가에 사람들 출

입을 막기 위해 울타리를 쳐 놓은 곳이 있어. 사람 발자국 화석이 발견된 곳이야. 이곳에서는 사람 발자국뿐만 아니라 새, 코끼리, 소, 사슴, 노루, 말 등의 동물 발자국과 함께 물고기, 연체동물, 절지동물, 식물 등의 다양한 화석이 함께 발견되었어.

처음 발견되었을 때는 5만 년 전 것이라는 추측까지 있었지만 자세히 조사해 본 결과 7000년에서 1만 5000년 전 사이의 흔적으로 밝혀졌지.

사람의 발자국이 화석으로 남는 것은 드문 경우인 데다가 다양한 화석이 함께 발견되어 의미가 큰 곳이야.

300년 전 목사의 순력 행차를 좇아가는 길에 선사 시대 화석을 만나고 보니, 제주가 오랜 역사를 가진 섬임을 새삼 깨닫게 돼.

대정 해안의 사람 발자국 화석지

「대정조점」 대정현성을 지키는 군사들의 훈련을 비롯해 여러 사항을 점검하는 모습이다.

대정현:
유배인의 흔적을 찾아서

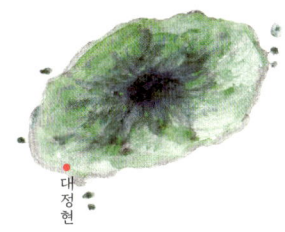

대정현에 도착하자 먼저 향교를 찾아가 공자 위패 앞에 분향했다. 대정향교는 성 밖 남쪽에 있는 단산(파군산) 아래 있다. 처음 대정현을 설치할 때 성안에 지었다가 장소가 마땅치 않아 성 근처를 이곳저곳 옮겨 다녔고, 효종 11년(1653)에야 단산 아래 자리를 잡았다고 한다.

　대정현은 제주에 있는 세 읍 중 규모가 가장 작은 곳이다. 읍성은 둘레 4890척에 높이는 17척을 조금 넘었다. 읍성 자체만 보면 결코 작지 않지만 성안에 관아 건물이 10여 채로 매우 조촐했고 객사도 쓸쓸했다. 민가 또한 성 밖에 겨우 50호 남짓이었다.

　대정현에는 12개 리가 있어 촌락 수는 정의현과 같지만 가구 수는 절반밖에 되지 않는다. 제주목에 비하면 10분의 1에 그치는 것이다.

환경이 거친 탓인지 경작지도 얼마 되지 않았다. 그나마 대정현 서쪽 고산 마을은 다른 곳과 달리 들판이 시원스럽게 툭 터져 있어 경작지로 이용되었다. 이곳은 땅이 평평해 밭을 일구기 좋으나 제주도 어디나 그렇듯 토질이 썩 좋지는 않았다. 제주도의 흙들은 검은빛을 띠었고 가벼워서 쉽게 부풀어 올랐다.

읍성에서 바다 쪽으로 10리쯤 가면 모슬진이다. 이곳에는 직접 가지 않고 군관을 대신 보내서 점검시켰다. 모슬진은 바닷가 암반 위에 성을 쌓아 삼 면이 바다로 둘러싸여 있고, 섬과 통하는 북쪽에 문을 두었다. 조방장과 군사 24명이 성을 지키고 있으며 무수연대와 모슬봉수를 관할하고 있었다.

이곳 대정현에서도 활쏘기 대회와 양로 잔치를 베풀어 백성들과 만나는 자리를 만들었다.

대정현은 오래전 숙부께서 유배를 오셨던 곳이라 감회가 남달랐다. 담담하게 길을 떠나던 숙부님과 차마 소리 내어 울지도 못하던 숙모님의 모습이 어린 시절 내내 마음에 남아 있었다. 다행히 뒤늦게나마 유배가 풀렸지만 숙부께서는 유배 중 얻은 병으로 고생하다 돌아가셨다. 유배지 중에서도 가장 먼 곳이 제주도요, 그중에서도 험하디 험하다는 이곳에서 지내는 동안 얼마나 힘드셨을지!

혹시나 그 당시 숙부님에 대해 아는 사람이 있을까 수소문해 보았지만 기억하는 사람이 없었다. 그나마 생각난다는 사람도 그저 한양에서 내려온 어느 양반 나으리 정도로만 기억하고 있었다. 하기야, 이곳 백성들 입장에서는 유배객이 어떤 사람이든 무슨 상관이랴 싶었다. 대정 객사에 부는 바람이 유난히 쓸쓸했다.

* 대정읍성 흔적 찾기

대정현은 다른 지역과 통하는 길이 쉽지 않았던 듯해. 대정현에 가려면 제주목에서 가든 정의현에서 가든 큰 숲을 어렵게 뚫고 갔다고 해. 지금은 곳곳에 마을이 생기고 도로가 뚫려 그 모습을 짐작하기 어렵지만 말이야.

　대정현은 태종 16년(1416) 정의현과 함께 설치되었는데 현의 규모가 작고 인구도 적었어. 인조 때 박명단 목사는 대정현이 쇠잔하니 현을 잠시 없애거나 제주목 소속의 명월·판포 두 마을을 떼어 대정현에 소속시키자고 조정에 건의하기도 했다는군.

　대정읍성의 규모를 16세기 중반 『신증동국여지승람』에서는 2647척이라고 했는데 17세기 이후 기록에는 4890척으로 나와. 후대로 가면서 필요에 따라 성을 넓혔던 모양이야.

복원된 대정읍성 북문

대정현 객사 건물. 지금은 무릉리 경로당으로 사용되고 있다.

대정읍성이 있던 곳은 지금의 서귀포시 대정읍 보성리·인성리·안성리 일대인데, 옛 모습을 찾아보기 힘들어. 길이 나면서 군데군데 끊어진 채 성벽이 조금 남아 있고, 성안에 있었다는 우물이 지금도 마을 안에 남아 있는 정도야. 본디 성문 앞에 서 있었을 돌하르방들은 마을 여기저기에 흩어져 있어.

19세기 후반 불이 나는 바람에 관아 건물이 모두 타 버렸는데 다시 세우지 못했다고 해. 나라가 기울어 가던 때라 그런 큰 공사를 벌이기 힘들었던 모양이야.

* 대정은 가장 험한 유배지

대정읍성에서 가장 눈에 띄는 건 김정희 유배지야. 이곳에 오는 사람들도 대정읍성보다는 대부분 이 유배지를 찾아서 오는 것 같아.

김정희는 55세 되던 1840년 대정으로 유배를 와서 8년 3개월간 지내다 돌아갔어. 스스로 붓 1000자루를 몽당붓으로 만들었다고 말할 만큼 노력했던 김정희가 추사체를 완성한 것이 바로 제주에 유배 중이었을 때야.

김정희의 그림 중 걸작으로 꼽히는 「세한도」 역시 이때 작품이야. 김정희의 제자 중 역관이었던 이상적은 중국에 갈 때면 귀한 책을 구해다 스승에게 보내 드리곤 했대. 김정희는 어려움에 처한 자신을 잊지 않고 챙겨

준 제자에게 고마운 마음을 담아 그림을 그려 주었는데 그게 바로 「세한도」야.

김정희 유배지에 가면 당시 살았던 집을 복원해 놓았고, 김정희의 작품과 탁본 등을 전시해 놓은 기념관도 있어. 집 앞에는 탱자나무 울타리를 만들어 놓았는데 김정희가 위리안치형을 받았기 때문에 그것을 표현한 거야.

위리안치란 죄인이 사는 집 주변에 가시울타리를 둘러 그 밖으로 나가지 못하게 하는 거야. 외부인과 일절 만날 수 없고 감시 속에 살아야 하는 거지. 하지만 시간이 지나면 아무래도 감시가 느슨해지지 않겠어? 김정희가 산방굴사나 안덕계곡을 자주 찾을 수 있었던 건 그래서일 거야.

김정희 같은 학자가 왔으니 비록 유배객이지만 배움을 청하는 사람이 많았어. 김정희는 대정향교를 드나들며 유생들에게 학문과 서예를 가르쳐 주었고, 향교 기숙사에 '의문당'이라는 현판 글씨를 써 주기도 했어. 항상 의문을 가지고 공부하라는 뜻이야.

김정희가 제주도로 유배를 왔다는 건 상당히 큰 벌을 받았다는 이야기야. 유배란 조선 시대 형벌 중 사형 다음으로 큰 벌

추사 김정희

대정향교의 대성전과 의문당

이거든. 목숨은 살려 주되 임금이 계신 한양에서 멀리 보내 버리는 거지. 죄가 클수록 먼 곳으로 보냈고, 변방이나 외딴 섬에 보내는 경우가 많았어.

제주도는 한양과 가장 멀리 떨어져 있을 뿐 아니라 험한 바다로 가로막혀 있어서 중죄인을 유배 보내는 곳이었고, 그중에서도 대정현은 최악의 유배지로 꼽혔다고 해. "제주도는 죄가 특히 무거운 자 외에는 유배시켜서는 안 된다."는 법까지 있었다는군.

김정희를 비롯해 조선 500년 동안 제주도로 유배 온 사람은 200명 정도야.

「명월조점」 명월진을 지키는 군사들의 훈련을 지켜보고 말을 점검하는 모습이다. 성 주변으로 펼쳐진 논은 다른 곳에서는 볼 수 없었던 광경이다.

명월진 :
손에 잡힐 듯 가까운 비양도

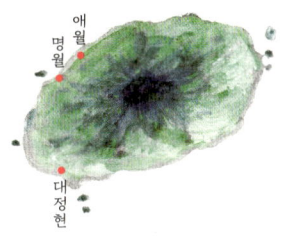

명월진에 가기 위해 다시 큰 숲을 뚫고 나아갔다. 명월진은 대정현에서 거의 100리나 떨어져 있는 데다 숲길을 헤치고 가느라 시간이 지체되어 어둑어둑해진 다음에야 도착했다. 제주목 관할인 명월성에는 최 판관이 마중을 나와 있었다.

다음 날, 여느 성에서와 마찬가지로 군사 훈련을 실시하고 무기들을 확인하는 등 명월진의 여러 사항을 점검했다. 명월성은 둘레가 3020척에 높이가 8척이고 지키는 군사는 412명이다. 창고에 보관 중인 곡식은 3300석이었다.

성안에 임시로 울타리를 쳐 관할 목장의 말들을 점검하고 활쏘기 대회를 연 것 역시 늘 하던 일정이었다.

명월성과 바다 사이에는 논이 만들어져 있었다. 성안에 물맛이 달고 수량이 풍부한 샘이 있는데, 이 샘물이 성문 밖으로 흐르며 다른 시내와 합쳐져 논에 물을 대고 있었다.

　성에서 서쪽을 바라보니 흰 모래밭이 길게 펼쳐져 있고 과원에는 귤들이 금빛으로 익고 있었다. 그 너머 바다에 비양도가 손에 잡힐 듯 가까이 보였다. 명월성을 쌓은 것은 비양도에 드나드는 왜구들 때문이라 하더니, 과연 쉽게 건너올 만한 거리였다.

　이 섬이 날아온 섬이라는 재미있는 이름을 갖게 된 것은 섬의 유래 때문이라고 한다. 섬이 중국에서 떠내려오다가 사람들이 놀라서 멈추라고 소리치자 그 자리에 멈춰 섰다는 것이다. 하지만 그것은 한낱 떠도는 이야기일 뿐이다.

　『고려사』에 보면 목종 5년 6월 탐라산에 구멍 네 개가 뚫려서 시뻘건 물이 치솟아올랐고, 10년에는 바다 가운데에서 산이 솟아 나왔다는 내용이 있다. 땅이 우레와 같이 진동하고 구름과 안개가 7일이나 계속되다 섬이 나타났다고 하니 그야말로 하늘에서 뚝 떨어진 것 아닌가!

　섬에는 나무가 거의 없이 풀만 무성했고 특히 대나무가 많았다. 제주도에서 사용하는 화살은 대부분 이 대나무를 가져다 만든다고 한다.

　포구는 명월성에서 서쪽으로 두어 마장 되는 곳에 있으며 고려 때까지만 해도 꽤 큰 포구였다. 삼별초가 제주도에 진을 치고 있을 때 이들을 치러 오는 군사들이 명월포로 들어왔고, 그로부터 20여 년 뒤 최영 장군이 목호들을 치기 위해 제주에 올 때에도 이곳 명월포로 상륙했다.

다음 순력지인 애월진에서 동쪽으로 20리 남짓 가면 삼별초가 근거지로 삼았던 항파두가 있는데 그때 쌓은 토성이 남아 있다고 한다.

애월진 역시 처음에는 삼별초가 관군을 막기 위해 나무로 둘러친 성이었다. 조선 시대에 들어와서도 이것을 계속 이용하다가 선조 14년(1581) 포구 가까이로 옮기면서 돌로 다시 쌓았다.

애월성은 둘레 549척에 높이 8척 규모이고 성문은 남쪽과 서쪽에 있다. 성문을 두 개만 낼 경우에는 보통 동문과 서문으로 마주 보게 하는데 애월성은 특이하게 성문이 이웃한 것이다. 남문 쪽에는 마을이 있고 서문 쪽에는 샘과 포구로 통하는 길이 있어 그리한 것 같다. 포구에는 집이 제법 많았다. 포구는 안쪽으로 깊게 휘어져 들어온 모양으로, 이 반달 모양 지형 때문에 애월이라는 이름을 갖게 되었다고 한다.

애월진을 마지막으로 아홉 진에 대한 점검을 모두 마쳤고, 도근천을 건넌 뒤 한천과 병문천을 마저 지나 제주성으로 돌아왔다.

✱ 명월성과 마주 보이는 비양도

제주도를 동에서 서로 돌아 다시 제주목 관할의 명월진에 왔어. 제주성까지 남은 거리는 70리 남짓, 이제 순력길도 막바지에 접어든 거야.

　명월성은 중종 5년(1510) 장림 목사가 비양도 인근에 출몰하는 왜구들을 막기 위해 쌓았어. 처음에는 나무로 성을 둘렀는데 선조 25년(1592) 이경록 목사가 돌로 다시 쌓았지.

　명월성은 터가 제법 넓었고, 샘이 없어 곤란을 겪던 다른 성들과는 달

『탐라순력도』「비양방록」의 일부

리 성안에 사철 마르지 않는 샘이 솟았다는군. 성 밖에는 물이 흐르는 시내도 있고 말이야. 그래서 명월성 인근에는 농사가 잘 돼 백성들 형편이 제법 넉넉했다고 해.

명월성은 동문과 남문 사이 외벽이 120미터 정도 남아 있었는데 거기에 이어지는 성벽과 남문을 복원해 놓았어.

성벽 위에 올라서니 비양도가 꽤 가깝게 보여. 비양도를 직접 본 사람이든 사진으로 본 사람이든 대개는 협재 해수욕장과 어우러진 모습이 생각날 거야. 투명한 에메랄드빛 바다와 어우러지며 배경처럼 떠 있는 비양도 덕분에 협재 바다는 유난히 더 분위기가 있어 보여.

비양도

비양도는 1000년 전까지 화산 활동을 했는데, 그 일이 『고려사』에 기록되어 있어.

목종 5년 6월 탐라산에 구멍 네 개가 열리면서 붉은 물이 솟아 나왔다. 5일 만에 그쳤는데 그 물은 모두 와석이 되었다.

목종 10년에는 탐라에 상서로운 산이 바다 가운데서 솟아났기에 태학박사 전공지를 보내 살펴보게 했다. 탐라 사람들이 말하기를, 산이 처음 솟아 나올 때에 구름과 안개로 어두컴컴했으며 땅이 진동하여 우레가 치는 것 같았다. 7일 만에 비로소 걷혔는데 산의 높이는 100장이 넘고 둘레는 40리가 넘었다. 초목은 없고 연기가 그 위를 덮고 있어서 바라보면 석유황 같아 사람들이 두려워서 가까이 가지 못했다.

산 높이나 섬 크기에 대해서는 좀 과장된 것 같아. 비양도의 둘레는 2.5킬로미터쯤 되고 섬 북쪽에 솟은 비양봉은 해발 114미터거든. 화산 폭발 후 본 모습이라 유난히 거대해 보였는지도 몰라.

그런데 이 기록에는 섬이 새로 생겼다고 했지만 사실 비양도는 그 전부터 있었어. 섬에서 신석기 유적이 발견되었거든.

비양도는 한때 대나무가 많이 자란다고 해서 '대섬'이라고 불렸다는데, 화살을 만들었다는 걸 보면 시누대가 주로 자랐던 모양이야. 시누대는 굵기가 사람 엄지손가락 정도라 화살을 만들기에 안성맞춤이야.

장 : 10척에 해당하는 길이의 단위로, 1장은 3미터 정도이다.

* 애월진성과 삼별초 유적지

제주도의 아홉 진성 중 마지막으로 보는 애월진은 일부이긴 하지만 성의 원형이 잘 남아 있어. 애월진이 있던 자리에는 지금 애월 초등학교가 있는데, 학교 북쪽 담의 일부가 옛날 성벽 그대로야.

성벽은 바깥쪽이 더 높고 안쪽은 낮게 해서 단면이 'ㄴ' 모양이야. 밖에서 보면 아주 높지만 안쪽의 군사들은 자유롭게 오가며 밖을 살필 수 있게 한 거지. 성벽에는 사람 눈높이 정도 위치에 가로 30센티미터, 세로 20센티미터 크기로 구멍을 내서 총이나 화살을 쏠 수 있게 했어. 이렇게 짧은 구간이나마 원형이 제대로 남아 있어 제주도의 축성 방식을 연구하는 데 소중한 자료가 되지.

성벽의 나머지 부분은 일제 강점기 때 바다를 메울 때 헐어서 사용했다는군. 이 매립 공사로 모습이 많이 바뀌어서 애월이라는 이름의 유래가 된 반달 모양 지형을 지금은 볼 수 없어.

애월진성은 삼별초가 처음 쌓았다고 했잖아? 삼별초가 제주도에 있을 때 본거지로 삼았던 항파두성이 애월진에서 멀지 않은 곳에 있어.

고려 고종 18년(1231) 원나라를 세운 몽골족이 쳐들어오자 고려 조정은 강화도로 수도를 옮기고 항쟁을 계속했어. 하지만 40년간 항쟁 끝에 원종 11년(1270) 결국 원나라와 강화를 맺고 개경으로 돌아갔는데, 삼별초는 이에 반대하며 끝까지 항몽 투쟁을 해 나갔어.

삼별초는 본디 고려의 권력을 휘어잡고 있던 무신 정권의 사병이었어. 권력자들을 지키면서 백성들에게 세금을 거두고 또 저항하는 백성이 있으면 잡아 가두는 일을 했지. 그러니 개경으로 돌아간 후 자신들의 처지가 어떻게 될지 알 수 없어서 끝까지 반대했던 거야.

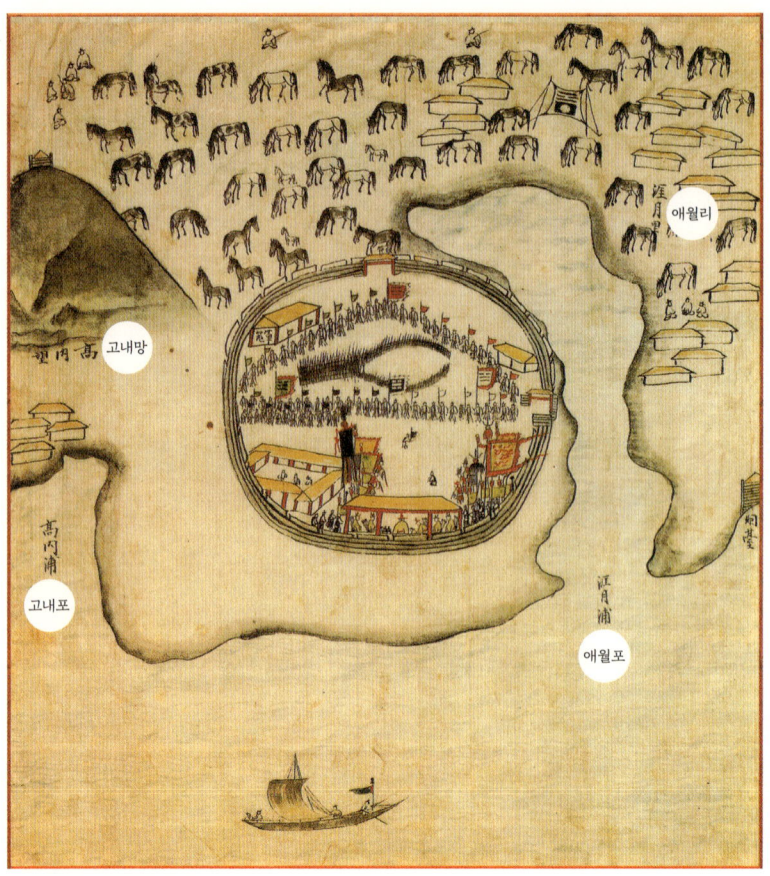

『탐라순력도』「애월조점」

삼별초는 진도로 근거지를 옮겨 항쟁을 이어 갔지만 여몽 연합군에 의해 지도자인 배중손이 전사하고, 결국 김통정의 지휘 아래 제주도로 건너오게 돼.

지금 제주시 애월읍에 있는 항몽 유적지는 그때 삼별초가 성을 쌓고 근거지로 삼았던 곳이야. 성은 외성과 내성의 이중성인데 외성은 둘레 6킬로미터 정도 되는 토성이고, 내성은 둘레 800미터 정도로 네모나게 돌로 쌓았어. 내성 안에서는 여러 채의 건물 터가 발견되었고, 유적지 인근에는 기와를 구웠던 흔적도 남아 있어.

삼별초는 이곳을 근거지 삼아 남해안까지 드나들며 활동했지만 원종 14년(1273) 결국 여몽 연합군에게 섬멸되고 말았지.

그 뒤 성은 그대로 방치되었다가 1970년대 이후 항파두리 항몽 유적지라는 이름으로 정비되었어. 지금 꽤 길게 남아 있는 토성도 이때 50미터쯤 남아 있던 것을 복원한 거야.

항몽 유적지 안에는 삼별초 전시관이 있어. 전시관 앞에는 건물의 주춧돌로 사용되었던 돌쩌귀를 모아 놓았지. 또 삼별초 대장 김통정 장군이 밟은 자리에서 솟아났다는 우물인 장수물, 병사들이 마셨다는 구시물, 활쏘기를 연습할 때 표적으로 사용했다는 살 맞은 돌 등이 남아 있어.

제주 사람이 져야 했던 짐

순력을 마쳤다고 목사의 업무가 끝나는 것은 아니다.
공물을 정해진 양만큼 제때 올려 보내는 것도 큰 임무였다.
공물은 세금의 일종으로 각 지방의 특산물을 바치는 것이다.
지방관은 임기를 마쳐야 돌아가는 것이 원칙이지만
피치 못할 사정이 생겨 도중에 그만두는 일도 많았다.

『하멜 표류기』 하멜은 일본으로 가던 중 배가 부서져 제주도로 떠내려왔다. 13년 만에 겨우 고향으로 돌아간 하멜은 이때 겪은 일을 책으로 펴냈는데, 이 『하멜 표류기』를 통해 우리나라가 처음으로 유럽에 알려졌다.

목숨 걸고 건너는 바닷길

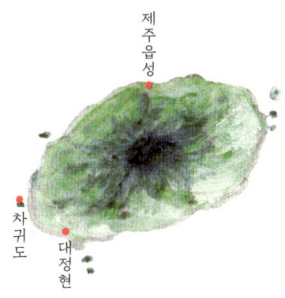

공물을 싣고 간 배가 돌아오지 않았다. 오래도록 소식이 없는 걸 보니 풍랑에 부서졌거나 떠내려간 모양이다. 어딘가 닿아서 목숨이라도 부지했으면 좋으련만, 그렇다 한들 남아 있는 가족에게는 죽은 사람이나 매한가지일 것이다.

제주도가 남해 먼바다에 있다 보니 이번처럼 배가 풍랑을 만나는 일이 종종 생긴다. 바다에서 우리 백성들이 떠내려가기도 하고, 반대로 다른 나라 사람이 떠밀려 오기도 한다. 개중에는 서양국 사람도 있는데, 효종 4년(1653)에는 헨드리크 얌센을 비롯한 서양국 사람 몇십 명이 표류해 온 적도 있다. 지난번 대정현의 차귀진 아래 대야수를 지날 때 그 일에 대해 들을 수 있었다.

어느 날 마을 사람이 바닷가에 희한하게 생긴 사람들이 모여 있는 것을 보았다. 그 사람들은 키가 몹시 커서 8, 9척은 되어 보였는데 생긴 모양이 괴이하고 옷차림도 이상했다. 눈동자가 파랗고 콧마루는 높으며 흰 피부에 머리털은 황적색이었다. 바다에는 배 한 척이 부서져 있었다. 그 사람들은 배에서 흘러나온 물건을 건지거나 죽은 사람들을 끌어내고 있었다.

마을 사람이 놀라서 관아에 알렸더니 제주판관과 대정현감이 군사를 이끌고 나타났다.

서양국 사람들은 먼바다를 가리키기도 하고 자신들을 가리키기도 하면서 열심히 이야기를 했지만 말이 통할 리 없었다. 그들은 야빤이라는 말과 낭가삭기라는 말을 되풀이했는데 나중에 알고 보니 일본과 장기(長崎, 나가사키)를 일컫는 그들 말이었다.

말은 전혀 통하지 않고 손짓 발짓을 섞어 가며 의사소통을 했다. 서양인들은 X자 셋을 그린 다음 6을 더 세고는 자기 가슴에다 고개를 숙였고, 다시 X자 둘을 그리고 6을 세더니 눈을 감고 기울어 쓰러지는 시늉을 했다. 판관이 '아마도 고개를 숙인 것은 산 자의 숫자이고, 쓰러진 것은 죽은 자의 숫자일 것'이라고 짐작했는데, 산 사람과 죽은 사람의 수를 조사해 보니 짐작대로였다.

일본 말을 하는 사람을 데려와 "너희는 크리스찬인가?" 하고 물었더니 "야, 야." 하며 고개를 끄덕였다. 그들은 일본으로 가는 중이었고, 우리나라를 일컬을 때는 '고려'라고 했다. 하지만 일본 말을 많이 아는 것이 아니어서 말이 통하는 데에 한계가 있었다.

아무래도 남만 사람인 것 같아 조정에 보고하니 한양에서 관리가 내려왔다. 신기하게도 서양국 사람들과 비슷하게 생긴 사람이었는데, 그 역시 바다를 지나다 떠내려왔다고 한다. 지금은 우리나라에 정착해 박연이라는 이름을 얻고 훈련도감에서 일하고 있었다.

박연이 그들과 대화를 해 보더니 자신과 같은 나라에서 온 사람들이라고 했다. 서양인들이 일본 나가사키에서 무역을 하는데 그곳으로 가다 표류했다고 한다. 그들은 자신들을 일본으로 보내 달라고 간청했지만 우리나라에 표류해 온 외국인을 돌려보낸 적이 없으니 그럴 수는 없었다.

조정에서는 그 사람들을 여러 곳으로 보내 일을 시켰는데 십여 년 뒤 그중 여덟 명은 결국 탈출했다.

이야기를 들으며 남만 사람들의 모습을 머릿속에 그려 보았지만 도저히 상상이 되지 않았다.

표류란 바다에서 길을 잃은 뒤 바람과 해류에 떠밀려 오는 것이다. 그런데 바람과 해류는 계절에 따라 일정한 방향과 길이 있으니 또 어떤 사람이 떠밀려 올지 모를 일이다.

남만 : 동남아시아를 오가며 무역하는 포르투갈이나 스페인 사람들을 일컫는 말. 원래는 중국에서 남방 민족을 얕잡아 부르던 말이다.

* 표류 이야기를 기록해 놓은 글들

오로지 바람에만 의지해 배가 다니던 시절에는 제주도를 오가는 게 보통 일이 아니었어. 며칠 며칠씩 바람을 기다리는 건 예사였고, 바람이 적당하다 싶어 배를 띄웠다가도 바다 한가운데에서 날씨가 급변하는 바람에 망망대해를 표류하거나 목숨을 잃는 일이 많았지. 제주도에 남자가 적었던 이유도 바다에 나가 목숨을 잃은 사람이 많아서 그랬다고 하잖아.

제주도를 다니는 뱃길에서 가장 위험한 곳은 추자도와 제주도 사이였어. 섬이 없어서 배를 댈 곳이 없다 보니 강풍이 불면 꼼짝없이 떠밀려 가는 거야. 또 이 바다에는 관탈도(화탈도)라는 바위섬이 있는데, 이 근방의 물살이 세서 뱃사람들이 몹시 곤란을 겪었다고 해.

난파된 사람들은 중국이나 일본은 물론 멀리 타이완, 오키나와(류큐), 베트남(안남), 필리핀(여송) 등지로 떠내려갔어. 개중에는 다행히 고향으로 돌아온 사람도 있고, 그 일을 기록해 놓은 글들도 남아 있어. 그중 몇 개를 보기로 해.

성종 8년(1477) 김비의 일행은 진상할 감귤을 싣고 떠났다가 갑자기 바람의 방향이 바뀌는 바람에 14일을 떠돌다 오키나와의 한 섬에 도착했어. 일행은 이 섬 저 섬을 거쳐 류큐 왕국에 이르렀고, 이곳에서 또다시 여러 섬을 거친 끝에 2년 4개월 만에 우리나라로 돌아왔지. 성종은 이들이 보고 온 풍속이 몹시 기이하다며 글로 남기게 했고, 덕분에 당시 오키나와 지역의 풍물과 생활상이 「성종실록」에 생생히 기록되어 있어.

성종 18년(1487) 최부는 나랏일로 제주도에 갔다가 이듬해 아버지가 돌아가셨다는 소식을 듣고 돌아오던 중 표류하게 되었어. 표류 도중 해적을 만났지만 다행히 탈출해서 중국 저장성 해안에 상륙했어. 처음에는 왜구로 오해를 받기도 했지만 조선의 관리라는 사실이 밝혀져 북경(베이징)을 통해 돌아올 수 있었지. 최부는 거치는 도시마다 보고 들은 것을 일지 형식으로 기록했고, 한양에 돌아온 뒤 이것을 『표해록』으로 정리해 왕에게 바쳤어. 중국 각지의 자연, 기후, 도로, 관청, 풍속 등을 상세히 기록했지. 최부는 중국에서 농부들이 수차를 이용하는 것을 보고 우리나라에도 필요하다고 생각해 그 원리와 구조를 배워 왔어. 이 수차는 뒷날 충청도 지방에 가뭄이 들었을 때 큰 도움이 되었지.

제주도 출신 장한철이 쓴 『표해록』도 있어. 영조 46년(1770) 장한철은 과거 시험을 보러 한양에 가던 중 표류하여 오키나와로 떠내려갔어. 왜구에게 쫓기다 베트남 상인들에게 구조되어 작은 배를 얻었는데, 온갖 고생 끝에 돌아왔지만 일행 29명 중 21명이 목숨을 잃고 말았어.

영조 7년(1731) 정운경은 제주목사로 부임한 아버지를 따라서 제주도에 왔어. 제주도의 풍물과 문화를 기록하던 정운경은 먼 나라까지 표류했던 사람이 많다는 말을 듣고는 그 사람들을 만나 표류 당시 보고 들은 일을 물어 기록으로 남겼어. 그러니까 인터뷰 모음집인 셈인데, 14명의 이야기가 담긴 이 책의 이름은 『탐라문견록』이야.

그 일을 겪은 사람에게는 끔찍한 경험이겠지만, 표류는 서로 다른 문화가 교류하는 계기가 되기도 했어. 표류당했던 사람들이 나라 밖 상황을 전해 주었고, 외국 문물을 배워 오기도 했지. 또 외국에서 그들을 데려오는 과정에서 외교 관계가 생기기도 하고 말이야.

* 최초로 우리나라를 유럽에 소개한 책 『하멜 표류기』

표류해 왔던 사람들에 의해 우리나라가 다른 나라에 소개되기도 했어.

효종 4년(1653) 7월 네덜란드 동인도 회사의 상선 스페르웨르호가 타이완을 거쳐 일본 나가사키로 가던 중 태풍을 만나 하멜을 비롯한 36명이 제주도에 떠내려왔어.

서양 사람들이 표류했다는 보고를 받고 한양에서 박연이라는 관리가 내려왔는데, 26년 전에 표류했다가 조선에 정착한 네덜란드 사람으로 본명은 얀 얀스 벨테브레였어. 이 일을 보면 서양인이 표류해 오는 일이 간혹 있었던 모양이야.

하멜 일행은 한양의 군사 기관에서 몇 년간 화포 다루는 일을 하다가 전라도 강진의 병영성으로 보내졌어. 그곳에서 다시 7년을 지내다가 남원, 순천, 여수 등으로 흩어지게 돼. 1666년 여수에 있던 하멜은 동료 7명과 함께 탈출했지.

조국으로 돌아간 하멜은 조선에서 겪었던 일을 상세히 적어 책으로 펴냈고, 네덜란드와 유럽에서 큰 인기를 끌었어. 이 책이 바로 『하멜 표류기』로 처음으로 우리나라를 유럽에 소개한 책이지.

제주도의 산방산 아래 용머리 해안에는 하멜 표류 기념비와 스페르웨르호 모양의 전시관이 있어. 이 기념물을 보면 사람들은 하멜이 용머리 해안으로 상륙했다고 생각하겠지?

하지만 1694년부터 1696년까지 제주목사를 지낸 이익태는 『지영록』이라는 책에 하멜이 도착한 곳을 차귀진 아래 대야수라고 기록했어. 이곳은 제주도 서쪽 고산리와 신도리 사이 대물이라고 불리는 곳이야. 그러니까 하멜은 수월봉과 차귀도 사이 해안으로 떠밀려 왔던 거야.

산방산 아래 기념물은 『지영록』의 내용이 알려지기 전에 세웠다는데, 구체적인 지명이 밝혀진 뒤에도 하멜 표류 기념비는 여전히 그 자리에 있어.

용머리 해안에 있는 하멜 표류 기념비. 스페르웨르호 모양의 전시관도 보인다.

『공마봉진』 공물로 바치기 위해 각 목장에서 뽑아 온 말을 관덕정 앞에서 확인하는 모습이다. 목자가 말을 끌고 목사 앞을 지나며 점검을 받고 있다.

나라에 바칠 말을 점검하다

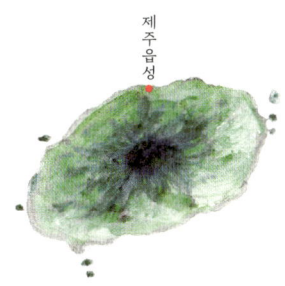

지방관으로서 중요한 임무 중 하나가 공물을 제때 바치는 것인데, 제주도에서 바치는 공물 중 가장 중요한 세 가지는 말, 감귤, 전복이다. 그중 말은 살아 있는 짐승이다 보니 특히 신경이 쓰였다.

말은 5월에서 6월 사이에 보낸다. 해마다 보내는 것도 있고 3년마다 보내는 것도 있어서 마필 수는 그때마다 다른데 올해에는 모두 433마리였다. 말은 세 읍의 감목관들이 할당량만큼 관할 목마장에서 골라왔다. 감목관은 국영 목장을 관리 감독하는 직책으로 지방관이 겸했다. 제주목에서는 제주판관이, 대정현과 정의현에서는 현감이 감목관을 맡는다.

실제 말을 점검하고 고르는 일은 습마가 했다. 습마는 말을 길들이고 병을 고치는 사람으로 말의 나이, 키, 털빛, 건강 상태 등을 보아 적합한 말을 골라냈다. 이 말들을 목록과 함께 보고하면 제주목에서 한꺼번에 확인한 뒤 조정에 보내는 것이다.

말을 점검하는 날이면 관덕정 앞마당이 말발굽 소리로 가득 찼다. 말을 끌고 온 목자들과 병졸들까지 뒤섞여 그야말로 북새통인데, 사람보다 말이 더 많았다. 목자들이 자기가 관리하는 말을 이끌고 지나가면 목록에 적힌 내용과 맞는지 낙인을 살피며 확인했다. 말들은 몸집이 크거나 우람하지는 않지만 퍽 다부져 보였다.

"말의 털 빛깔이 이리도 다양했던가!"

말들을 보고 있으니 새삼 놀라웠다.

말의 털 빛깔은 밤색, 적갈색, 흰색, 회색, 검은색, 담황색, 얼룩색, 점박이 등 무척 다양했고 빛깔에 따라 이름도 달리 불렀다. 갈색은 유마, 흰색은 설모, 점박이는 부루 하는 식이었다. 그중에서도 최고로 치는 말은 먹가라마라고 하는 검정말이었다.

제주도에서는 말과 함께 검은 소도 해마다 20마리씩 진상한다. 나라에서 지내는 제사에 바칠 소였다. 제주도의 소는 주로 검은 소였고, 얼룩이는 간혹 보였지만 늘 보던 누렁이가 이곳에서는 드물었다.

점검을 마친 뒤 말들을 배에 실어 보내기 위해 조천포로 갔다. 사공 말을 들으니 말을 싣고 갈 때에는 다른 때보다 바람이 강해야 출발한다고 한다. 우선은 말을 실은 배가 무겁기 때문이고, 만약 바람이 약하면 이 섬 저 섬을 거치며 여러 날이 걸리는데 그러면 말이 많이 상하기 때문이다.

제주를 떠난 말이 한양까지 가는 데는 두 달 정도가 걸렸다.

이번에 조사해 보니 말을 길러 내는 사람들의 고통이 참으로 컸다. 가장 힘든 것은 죽거나 잃어버린 말값을 물어내는 것인데, 말이 워낙 비싸기 때문이다. 심지어는 돈을 마련하기 위해 부모나 처자식을 팔고 자신은 머슴살이를 하는 경우까지 있다니 기가 막힌 일이다.

상세히 조사해 봤더니 부모를 판 사람이 5명이요, 처자식을 판 사람이 8명, 동생을 판 사람이 26명이나 되었다. 머슴살이를 한 사람도 19명에 이르렀다. 어찌 이런 일이 있을 수 있는가!

백성들의 고통을 줄여 달라고 조정에 건의하는 글을 썼다. 진상하는 말의 수를 줄여 주고, 가족을 팔지 못하게 법으로 엄하게 금지시켜 줄 것을 요청했다.

나라에 바칠 말을 기르는 백성들의 어려움을 헤아려 주소서.

✽ 나라에 바치던 말과 검은 소

제주도는 예로부터 말이 유명했는데, 그것은 곧 나라에 바치는 말이 많았다는 뜻이기도 해. 나라에 필요한 말을 각 지방의 목장에서 바쳤는데 그중 제주도의 비중이 가장 컸지.

제주도에서 바치는 말은 1년에 300마리가 넘었고, 3년에 한 번씩 어승마와 차비마까지 바칠 때에는 400마리를 훌쩍 넘겼어. 어승마는 임금이 타는 말이고, 차비마는 특별한 용도로 쓰기 위해 준비하는 말이야.

말과 함께 검은 소도 바쳤는데 해마다 설, 동지, 임금의 탄신일에 20마리씩 정기적으로 보냈고 필요에 따라 그때그때 보내기도 했어. 검은 소

제주마

검은 소

는 종묘제례 같은 국가 제사에 제물로 바치는 거라 누렁소나 얼룩소를 대신 보낼 수 없었어. 그래서 목장의 검은 소가 부족할 때에는 민가의 소를 골라 보내고 대신 다른 소를 주었다고 해.

제주도에서 말을 싣고 떠난 배가 도착하는 곳은 강진현의 마량포구였어. 제주도 말들이 주로 이곳으로 들어오다 보니 지명까지 말을 건네주는 다리라는 뜻의 마량이 되었어.

말들은 마량에서 한동안 기운을 차리게 한 뒤 다른 지역으로 보냈는데 제주 사람들이 말을 내려 준 뒤 돌아가 버리면 말을 다루는 데 서툰 강진 사람들은 무척 애를 먹었어. 그래서 제주 사람들에게 돈과 곡식을 주며 부탁해서야 간신히 한양까지 갈 수 있었다는군.

*말을 다루는 테우리

말 이야기를 하면서 말을 돌보는 목자 이야기를 빼놓을 수 없지. 목자를 제주도에서는 테우리라고 해. 테우리는 말을 잘 다루는 것은 물론이고 밧줄로 걸어서 말을 잡아들이는 기술도 좋아야 했어. 말을 풀어놓고 기르기 때문에 야생마나 다름없었거든.

농사에 말과 소를 동원하는 일도 테우리들 몫이었어. 제주도 흙은 가벼워 쉬 바람에 날리기 때문에 씨를 뿌리고 나면 말이나 소를 몰아 밟아 주고, 농사를 쉬고 있는 땅에는 거름이 되도록 소와 말을 몰아넣어 배설물을 뿌려 주었지.

그런데 테우리들의 고통이 이만저만 아니었다고 해. 말을 돌보는 일도 일이지만 혹시 말이 죽거나 사고가 나면 물어내야 했는데 그 부담이 여간 큰 게 아니었어.

말이 죽은 뒤 가죽이 남아 있으면 그나마 책임을 피할 수 있지만, 죽은 지 오래되어서 썩거나 상한 경우에는 낙인을 확인할 수 없으니 말값을 물어내야 하는 거야. 말을 풀어놓고 키우는데 그 넓은 땅에서 죽은 말을 찾는 게 쉬웠겠어? 한 사람이 일 년에 열 마리 이상 물어낸 적도 있다는데 그것을 어찌 감당했을까? 심한 경우에는 그 돈을 마련하기 위해 가족을 팔기도 했다니 기가 막힌 일이지.

✱ 천연기념물로 보호하는 제주마

지금도 제주도에서는 흔하게 말을 볼 수 있지만 제주마보다는 서양에서 들어온 말들이 많이 보일 거야.

제주도에서 대대로 기르던 말은 탐라마, 조랑말, 토마, 국마, 제주마 등 여러 이름으로 불렸는데, 천연기념물로 지정되면서 제주마를 정식 명칭으로 삼았어.

제주마는 지금 우리가 흔히 보는 말들보다 체구가 작아. 키가 119~122센티미터에 몸길이는 122~124센티미터쯤 되고 몸무게는 230~330킬로그램 정도 나가. 체구는 작지만 털에 윤기가 흐르고, 돌이 많은 제주도에서 잘 견딜 만큼 발굽이 치밀하고 단단해. 편자를 대지 않고 산길을 가도 발굽이 찢어지거나 변형되는 일이 없다는군. 제주도를 활보하며 살았으니 비바람을 잘 견디는 것도 물론이고 말이야. 이렇게 야생마 같은 모습과 달리 성질은 온순하고 영리해서 사람을 함부로 물거나 차는 버릇은 거의 없다고 해.

제주마는 한때 수가 심하게 줄어 멸종 위기에 놓이기도 했어. 시대가 변하고 농사짓는 방법이 달라지다 보니 말을 기르는 집이 줄었던 거야. 지금은 천연기념물로 지정해 적극적으로 제주마를 보호하고 있지.

한라산 기슭에 제주마를 풀어 키우는 마방목지가 있어서 누구든 찾아가 볼 수 있는데, 한라산을 배경으로 한가롭게 풀을 뜯는 제주마들을 보노라면 영주십경 중 하나인 고수목마가 바로 이 풍경이란 생각이 들어.

『산장구마』 산마장에서 말을 점검하기 위해 일정한 장소로 몰고 있는 모습이다. 성판악 남쪽 지역을 크게 세 구역으로 나누어 점검하고 있다.

제주도 곳곳의 말 목장들

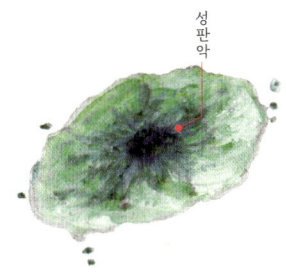
성판악

제주도에서는 섬 전역에 말을 풀어놓고 키우는데 진상할 말은 어떻게 고르는 것일까? 산마장에 가서 그 모습을 지켜보았다.

산마장은 한라산 중턱에 설치된 목장이다. 산중턱이라고는 하지만 길이 완만하기 때문에 가는 길에 큰 어려움은 없었다.

한라산을 다녀올 때도 느낀 바인데, 제주도는 땅 모양이 참으로 특이한 것 같다. 군데군데 오름이 솟아 있을 뿐 가파른 산봉우리가 없는데, 그렇다고 평야인 것도 아니다. 이렇게 평평한 듯 구부러진 듯 생긴 땅이라 제주도가 나라 최고의 목장이 되었을 것이다.

"이곳은 고득종 감사가 태어난 마을이라고 합니다."

교래리를 지날 때 판관이 알려 주었다. 고득종은 세종 임금 때 제주도 목장의 10소장 체제를 만든 분이다.

　목장에 도착하니 말을 점검하기 위해 원장과 사장을 설치해 놓았다. 글자 그대로 원장(圓場)은 나무 울타리를 둥글게 두른 것이고, 사장(蛇場)은 뱀 모양으로 길게 세운 것이다. 사장 양쪽에 원장을 연결해, 한쪽 원장에서 건너편 원장으로 말을 한 마리씩 보내면서 점검하는 것이다.

　먼저 여기저기 흩어져 있는 말을 한데 모으는데, 이 일을 위해 동원된 인원만 6000명이 훌쩍 넘었다. 성판악 바로 밑에서부터 말을 몰고 내려오는 병졸이 4000명 가까이 되고, 말들이 다른 곳으로 도망치지 못하도록 목장 울타리에 줄줄이 둘러서서 지키는 병졸이 또 2000명이 넘었다.

말을 다루는 솜씨가 매우 뛰어나구나!

말들이 이리저리 몰려다니느라 천지가 진동하고, 이 소리에 놀라 사슴이며 노루까지 우왕좌왕 뛰어다녔다.

목자들이 말을 몰아 한 마리씩 원장과 사장 사이를 지나게 하면 감목관과 습마들이 그 옆에 붙어 서서 말의 수를 확인하는 한편 병든 말은 없는지 살폈다. 이날 점검한 말은 모두 2375마리였다.

목자들은 말을 다루는 솜씨가 퍽 뛰어났고, 그 많은 말들 사이에서 자기가 책임진 말을 정확하게 알아보았다.

"아주 뛰어난 말이로구나."

"제가 돌보는 말 중 가장 우수한 말입니다."

제법 준수한 말이 보여 칭찬했더니, 말을 끌고 가던 목자가 자랑스러운 얼굴로 대답했다.

"물거나 발로 차지는 않느냐?"

하인 하나가 말 뒷발에 차여 몹시 고생했던 일이 떠올라 물어보았더니 그런 일은 없다며 고개를 저었다.

"집에서 고이 기른 말도 그러는데 야생에서 멋대로 자란 말은 더 심하지 않겠느냐?"

"육지에서는 말을 줄에 매어 둔다고 하던데, 아마 그것 때문에 고통스러워서 그랬을 것입니다."

목자의 말을 들으니 과연 그럴 듯했다. 목자가 물러간 뒤에도 한동안 그 말을 곱씹어 보았다.

✻ 말이 태어나면 제주도로

제주도를 여행하다 보면 곳곳에 목장이 보여. 땅이 평평한 곳은 물론이고 오름에 올라가서도 소나 말을 만나는 일이 참 많아. 오름이 대체로 나지막하다 보니 목장으로 쓰이는 거야.

예로부터 사람이 태어나면 서울로 보내고, 말이 태어나면 제주도로 보내라고 할 만큼 제주도는 말로 유명했는데 언제부터 그렇게 된 걸까?

제주도에서 말을 기른 건 오래전부터야. 애월읍 곽지리의 패총에서 조랑말뼈가 나온 걸 보면 선사 시대부터 말을 길렀음을 알 수 있어.

한라산 기슭의 제주마방목지

무엇보다 제주도 개국시조인 세 을나가 처음에 송아지와 망아지를 키우며 살았다는 걸 보면 목축의 역사가 퍽 오래되었음을 짐작할 수 있지.

목장의 역사는 정확히 알 수 없지만, 고려 문종 25년(1071)에 제주도 목장에서 말을 잘 돌보지 않아 죽게 한 사람을 처벌했다는 기록이 있는 걸 보면 그 이전에 목장이 설치되었던 건 알 수 있어.

제주도에 본격적으로 목장이 개발된 건 충렬왕 2년(1276) 원나라에서 말 160마리를 가져와 수산평에 풀어 기르면서부터야. 이후 제주도 곳곳에 목마장이 생겨났어.

조선에서는 '말의 생산은 나라를 부유하게 한다'는 생각으로 곳곳에 국영 목장을 설치했는데 당연히 제주도가 큰 비중을 차지했지.

✽ 제주도 목장은 어떻게 운영되었나

조선 초기까지는 목장이 섬 여기저기에 흩어져 있었던 탓에 말이 가까운 경작지에 들어가 농작물을 망쳐 놓는 일이 자주 일어났어. 세종 때 고득종은 이 문제를 해결하기 위해 마을과 경작지가 주로 모여 있는 해안가를 피해 한라산 기슭으로 목마장을 옮기고 말이 멋대로 돌아다니지 못하도록 돌담을 쌓을 것을 건의했어. 조정에서는 이 의견을 받아들여 목장을 옮기고 10소장으로 나누어 관리하도록 했지.

소장은 장소를 세는 단위인 '소(所)'에 목장을 뜻하는 '장(場)'이 합쳐진 말로 일정한 목장 구역을 뜻해. 요즘식으로 하면 제1목장부터 제10목장까지 있었던 거야.

고득종(1388~1452)은 조천읍 교래리에서 출생해 10세에 아버지를 따라 상경했고, 과거 급제 후 예조참의·중추원동지사·한성부판윤 등을 지냈어. 조정에서 목마장 운영 등 제주도에 대한 정책을 수립하는 데 기여했고, 이 과정에서 제주의 조세 부담을 줄이는 등 제주 사람들을 위해 노력했다고 해. 안평대군의 「몽유도원도」에 시를 남겼는가 하면, 제주목에 홍화각을 세울 때 그 내력을 기록한 「홍화각기」를 쓰기도 했어. 제주 시내 오현단 옆에는 고득종 사당인 향현사가 남아 있어.

10소장에 이어 산마장도 설치되었어. 제주도에서 개인 목장을 하던 김만일(1550~1632)이라는 사람이 있었는데, 솜씨가 좋아 기르는 말이 1만 마리를 넘었다고 해. 김만일이 선조와 광해군 때 500필씩 말을 바치자 이 말들을 키우기 위해 한라산 중턱에 목장을 설치한 거야.

정조 때에는 우수한 말들만 따로 모아 방목하는 갑마장을 설치했는데 지금의 가시리 일대에 있었어. 나라에서 운영하던 목장 제도는 1899년 폐지되었다가 1957년에 새로이 국립 제주 목장이 문을 열었지.

산마장이 있던 자리는 제주 북동부 한라산 중턱으로 지금의 교래리와 가시리 일대야. 특이한 화산 모양과 가을 억새로 이름난 산굼부리, 대한항공에서 조종사 훈련장으로 만든 정석 비행장 등이 있는 곳이야. 이 일대는 지금도 대부분 목장으로 이용되고 있어.

갑마장이 있던 가시리에는 조랑말 체험 공원과 조랑말 박물관이 설립되어 있고, 목장길을 걸어 볼 수 있도록 갑마장길도 조성해 놓았어.

풀밭도 지나고 오름도 오르며 걷다 보면 길게 이어진 돌담 옆에 잣성이라는 안내판이 보여. 잣성은 목장 경계에 쌓은 돌담을 말해. 조선 초기에 10소장을 만들 때 쌓기 시작해서 20세기까지 계속 쌓았다고 해.

필요에 따라 담을 두르다 보니 잣성은 해발 높이에 따라 세 겹의 띠가 되었어. 아래쪽 잣성은 말들이 농경지에 들어가지 못하도록 막는 것이고, 위쪽 잣성은 말들이 한라산 깊이 들어갔다가 얼어 죽는 사고를 막기 위한 거야.

목장 경계에 쌓은 잣성

「감귤봉진」 제주목 관아에서 공물로 바칠 귤을 준비하는 모습이다. 귤을 종류별로 나누고 상자에 담는 모습을 목사가 지켜보고 있다.

감귤이 향기롭고 달기만 할까

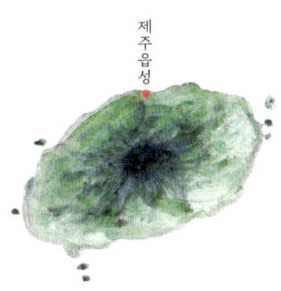
제주읍성

제주에서 바치는 공물 중 특별한 것으로 감귤을 꼽을 수 있다.

감귤은 9월에 유자를 시작으로 이듬해 2월까지 20차에 걸쳐 보내게 된다. 가장 먼저 익는 당금귤을 천신용으로 예조에 보낸 뒤 감자(홍귤)와 동정귤을 보내기 시작했으며, 산귤은 보내는 시기가 늦었다. 청귤은 겨울을 넘겨야 맛이 좋아지기 때문에 2월에 보낸다.

열흘에 한 번씩 감귤을 보내는 날에는 망경루 앞뜰이 감귤로 그득하고 이를 나르고 포장하는 사람들로 북적거렸다. 여인들이 귤을 종류별로 나누고, 남자들은 나무통을 만들어 그 안에 짚단을 깐 뒤 감귤을 담았다. 감귤이 한양까지 가는 사이에 짓눌리거나 썩지 않도록 하기 위해서이다.

그 모습을 보고 있자니 성균관에서 공부할 때 귤을 하사받았던 일이

천신 : 철 따라 새로 난 과실이나 곡식을 먼저 조상에게 바치며 제를 모시는 일.

떠올랐다.

"임금님께서 우리 유생들에게도 귤을 나누어 주신 뒤 시험을 치곤 하셨지. 그런데 지금 내가 감귤을 바치다니 감회가 새롭구나."

올해 제주도 세 읍의 결실수를 보니 당금귤 1050개, 감자 4만 8947개, 금귤 1만 831개, 유감 4785개, 동정귤 3364개, 산귤 18만 5455개, 청귤 7만 438개, 유자 2만 2041개, 당유자 9533개, 등자귤 4369개, 석금귤 1021개였다.

이 과실들과 함께 귤껍질을 말린 진피, 탱자를 쪼개서 말린 지각과 지실도 약재로 진상한다.

큰 차질 없이 감귤을 보내고 나니 업무에는 여유가 생겼지만 마음은 몹시 무거웠다. 감귤 때문에 백성들이 고통받는 실정에 대해 이런저런 이야기를 들었기 때문이다.

예로부터 감귤은 다른 지방에서 나지 않는 제주도만의 귀한 과실이다. 그런데 말의 경우와 마찬가지로 이 특산물 때문에 백성들이 외려 고통을 겪고 있는 것이다. 거기에 더해 전복을 비롯한 각종 해산물과 온갖 약재에 이르기까지 숱한 공물을 마련하느라 백성들의 고초가 너무 컸다.

임금님의 땅에 사는 백성으로서 그 지방의 특산물을 바치는 것은 당연한 일이지만, 제주도의 경우에는 그 부담이 너무 큰 게 문제였다.

제주도 세 읍의 민가는 모두 해서 9500호를 넘는 정도이다. 세 읍을 다 합쳐 봐야 다른 지방의 중간 정도 읍밖에 안 되는 것이다. 그런데도 바

절해고도 : 육지에서 아주 멀리 떨어져 있는 외딴 섬.

쳐야 하는 공물은 몇 곱절인지 모른다.

　백성들이 공물 때문에 겪는 고통을 알리고 양을 줄여 주십사 간청하는 내용으로 보고서를 작성했다. 절해고도에 파견된 보잘것없는 관리의 청이라 해서 가볍게 넘기지 말고 백성들에게 두루 성은을 베풀어 주십사 하는 진심을 담아서였다.

* 고대부터 재배해 온 제주도의 귤

제주도 하면 가장 먼저 생각나는 건 역시 새콤달콤한 감귤 아닐까!
　정확한 연대는 알 수 없지만 제주도에서는 꽤 오래전부터 귤을 재배했던 듯해. 백제 문주왕 2년(476)에 탐라에서 감귤을 바쳤다는 기록이 있는 걸 보면 적어도 1500년이 넘은 거지.
　고려 시대에도 나라의 큰 행사인 팔관회에 감귤을 사용했다는 기록이 있어.
　조선 시대에도 귤은 제주도의 중요한 공물이었어. 궁궐에서는 귤이 올라오면 먼저 종묘를 비롯한 여러 사당에 바친 뒤 왕실 가족은 물론 조정 관료들에게 고루 나눠 주었어. 또 성균관 유생들에게도 귤을 내리고 이를 기념하는 시험을 치렀는데 이것을 황감제라고 해. 조선 후기에 과거가 너무 자주 열리는 폐단을 없애기 위해 시험 종류를 줄였을 때에도 황감제만큼은 남겨 두었을 만큼 의미 있는 행사였지.
　그런데 목사가 확인하는 목록을 보니 감귤 종류가 꽤 다양했던 듯해. 장부에 적힌 것만 해도 10종이 넘어. 또 유자가 포함된 걸 보면 지금 우리가 말하는 감귤보다는 범위가 넓었던 것 같고.
　지금 우리가 먹는 귤은 조선 시대 사람들이 먹던 것과 달리 온주밀감이라는 종류야. 중국의 온주 지방이 원산지인 귤인데 1911년 서귀포에 있던 프랑스인 신부가 일본에서 14그루를 가져와 처음 심었다는군.

✱ 백성에게 고통이 되었던 귤나무

노랗게 익은 열매들이 졸랑졸랑 달린 귤밭은 제주도에서만 볼 수 있는 풍경으로, 붉게 단풍이 든 산 못지않게 멋진 가을 풍광을 만들어 내. 조선 시대 제주도에 내려왔던 관리들은 귤림에서 단풍놀이 못지않은 풍류를 즐기곤 했어. 『탐라순력도』에는 귤림에서 풍류를 즐기는 그림이 두 점이나 있을 정도야.

『탐라순력도』 「귤림풍악」의 일부. 망경루 후원에 있는 귤림에서 풍악을 즐기는 모습이다.

그러나 이런 풍류나 감귤의 달콤함과는 달리 제주 사람들의 고통은 여간 심한 게 아니었어.

조선 시대 들어 제주도에서 부담해야 하는 감귤 물량이 계속 늘어나자 중종 16년(1521) 이수동 목사는 방호소 다섯 곳에 과원을 설치했어. 이런 과원은 점차 늘어나 18세기 초에는 42곳이 되었고, 19세기 중반에는 54곳까지 되었어.

그럼에도 조정에서 요구하는 물량을 다 채울 수 없자 민가의 귤나무로 충당하게 돼. 귤나무 8그루를 기준으로 그 해 부역을 면제해 주는 건데, 이 방법이 외려 백성들에게 고통을 주었어.

관에서는 민가의 귤나무를 일일이 조사하고 군사를 시켜 지키게 했는데 그 정도가 너무 심했던 거야. 나무에 열매가 달린다 싶으면 일일이 표시하고 장부에 적었대. 귤 종류는 물론 개수까지 상세하게 적은 걸 보면 얼마나 철저했는지 알 수 있어.

그런데 열매가 익다 보면 시들어 떨어지는 게 생기는 법이잖아. 또 새가 쪼아 먹거나 바람에 떨어질 수도 있고. 그런데 이런 것들을 전혀 헤아리지 않고 장부에 적힌 대로만 거두어 가니 백성들은 죽을 맛이었지. 게다가 감귤을 관아까지 운반하는 것도 나무 주인이 해야 하고, 그것도 기한을 맞추지 못하면 벌을 받기 일쑤였어.

사정이 이렇다 보니 귤나무는 백성들에게 고통을 주는 나무가 되어 버렸고, 어떻게든 귤나무를 재배하지 않으려고 피할 수밖에. 오죽하면 살아 있는 나무를 잘라 버리거나 끓는 물을 부어 죽이기도 했다는군.

✽ 종류도 많고 양도 많았던 공물들

제주 사람들이 부담해야 하는 것이 감귤만은 아니었어.

한 해에 수백 마리씩 말을 바쳤다고 했잖아? 그런데 말만 바친 게 아니라 말을 부리는 데 필요한 온갖 기구들까지 함께 바쳐야 했어. 말을 조정하기 위한 재갈과 고삐, 말등을 보호하는 덮개와 안장, 발걸이(등자), 말이 움직일 때 흙이 튀지 않도록 가려 주는 다래 같은 것들 말이야.

전복도 제주도의 주요 진상품이었는데 그 양이 어마어마했지. 통째로 말린 것, 늘려서 말린 것, 두드리면서 말린 것, 가늘게 썰어서 말린 것 등을 종류별로 갖추어 해마다 9000접 넘게 바쳐야 했어. 여기에 오징어도 700접 넘게 바쳤고. 그럼, 이게 모두 몇 마리인 거지?

그 많은 양을 마련하느라 해녀들의 고통이 오죽했을까. 세종 때 제주목사로 부임했던 기건은 눈보라 치는 날 해녀들이 바다로 뛰어드는 모습을 보고 놀라서 그 후로 전복을 입에 대지 않았대.

그 외에도 제주도에서 바쳐야 하는 공물은 아주 많았어.

전복과 함께 전복껍데기도 바쳤는데, 이건 나전칠기를 만드는 재료야. 해녀들이 전복과 함께 딴 미역도 진상했고, 제주성 인근 산지천과 도근천에서 잡은 은어도 한양으로 올라갔어.

사슴과 노루도 바쳤는데 사슴 가죽, 말린 고기, 머리, 꼬리, 혀 등 온갖 부위에 노루 가죽도 포함되었어.

『탐라순력도』의 「교래대렵」은 이런 공물을 마련하기 위해 세 읍이 함께 사냥에 나선 모습을 그린 거야. 제주목사를 비롯한 수령들이 직접 나섰고, 동원된 인원이 700명이 넘었다고 해.

제주도의 인기 있는 여행지로 제주시 구좌읍에 비자림이 있는데, 500~800년 된 비자나무 2800여 그루가 빽빽이 자라는 숲이야. 한 종류의 나무로만 이렇게 큰 숲을 이룬 경우는 세계적으로 드물다는군. 비자림이 훼손되지 않고 잘 보존될 수 있었던 것은 비자를 얻기 위해 특별히 보호했기 때문이야. 비자는 구충제로 쓰이는 약재로 중요한 진상품이었거든.

여기에다 백랍(쥐똥나무 열매), 산유자, 표고버섯 등과 함께 온갖 약재, 활집, 활과 화살을 꽂아 넣어 등에 지도록 만든 통개, 갓의 테에 해당되는 양

비자림

태모자, 빗, 솔, 적삼, 휘장 등의 각종 공예품까지……. 일일이 말하자면 숨 가쁠 지경이야.

물론 왕조 시대였으니까 백성들이 자신들 고장의 특산물을 왕에게 바치는 걸 당연한 것으로 여겼을 테고, 일종의 세금이기도 해. 그런데 문제는 백성들 수에 비해 부담이 너무 컸다는 거야. 간혹 관리들이 부담을 줄여 달라며 조정에 건의해서 허락을 받기도 했지만, 1894년 진상 제도가 없어질 때까지 제주 사람들은 이 큰 부담을 짊어질 수밖에 없었지.

감귤은 현대에 와서 황금 작물로 위상이 확 달라졌어. 1950년대 중반부터 감귤 재배가 서서히 늘기 시작해서 60, 70년대에 비약적으로 증가했는데, 다른 작물보다 수익이 훨씬 좋아 귤나무만 있으면 자식을 충분히 공부시킬 수 있다고 해서 대학나무라는 별명까지 얻었지.

한때는 제주도 농가의 90퍼센트 이상이 감귤을 재배했다고 해. 지금은 생산량이 너무 많아 가격이 떨어진 데다가 외국 과일들까지 잔뜩 수입되고 있어서 어려움이 많다는데, 훗날 제주 감귤은 또 어떤 이야기를 남기게 될까?

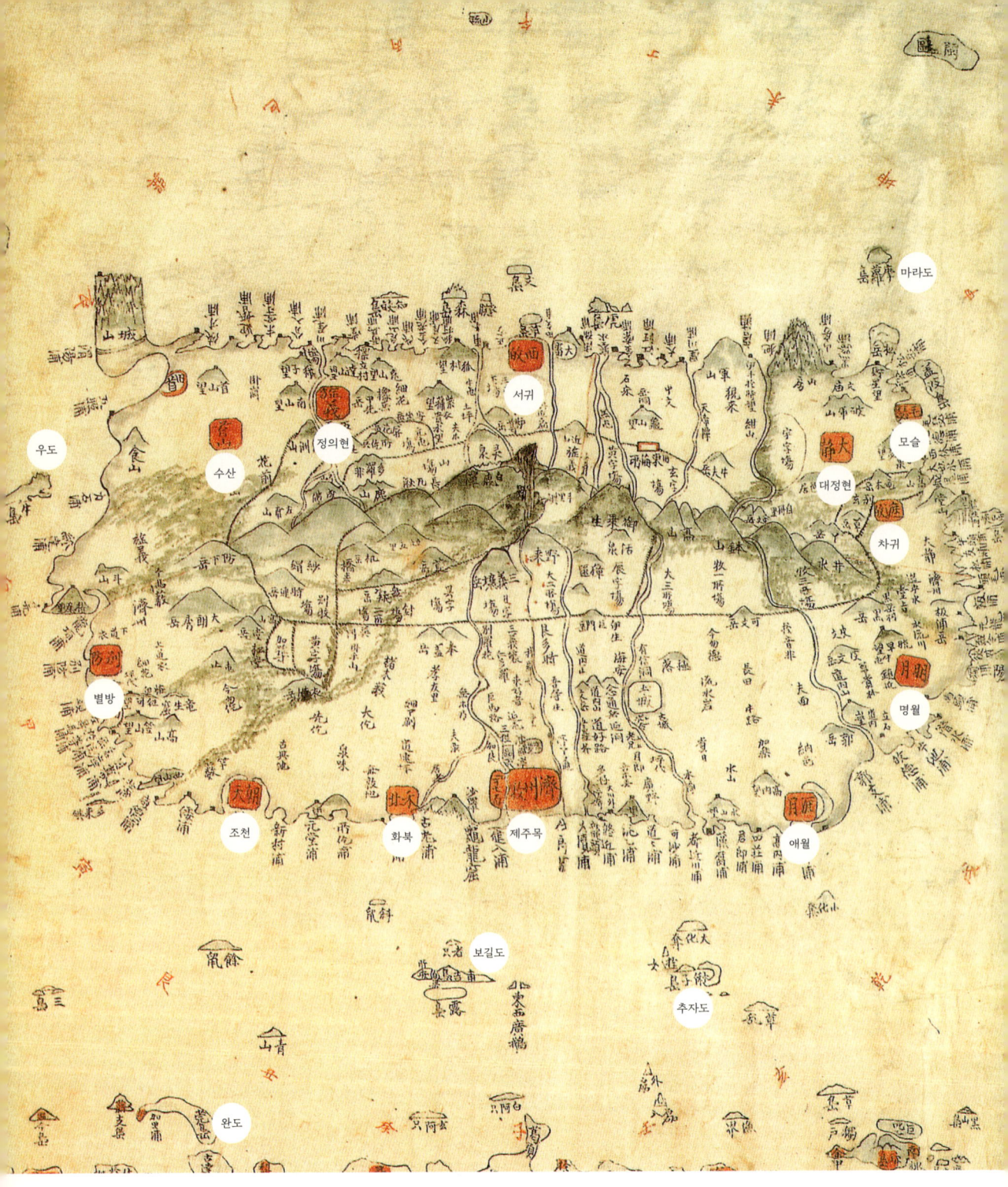

「한라장촉」 1702년에 제작된 것으로, 독립된 제주 지도로는 가장 오래된 지도이다. 중앙(한양)에서 바라보는 시점에서 그렸기 때문에 남쪽을 위로 놓았다. 제주목, 정의현, 대정현 3읍과 9개의 진을 붉은색으로 표시했다.

제주를 떠나다

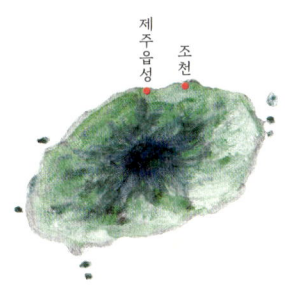

임기를 다 채우지 못하고 떠나게 되었다. 어머님이 많이 편찮으시다는 소식 때문이었다.

집에서 오랜만에 편지가 와서 반가운 마음으로 펼쳤는데 내용을 보는 순간 온몸에 힘이 빠졌다. 어머님이 병으로 누워만 계신다는 것 아닌가. 관직 생활 내내 지방관으로 돌다 보니 가까이서 모시지도 못했는데 이 불효를 어쩐단 말인가?

결국 조정의 허락을 받아 고향으로 떠나게 되었다.

서둘러 짐을 꾸렸지만 한동안 바다만 바라보며 속을 태웠다. 조천관에서 이제나저제나 기다렸지만 좀처럼 배가 뜨질 못했던 것이다. 마음 같아서는 당장 고향으로 내달리고 싶지만 바람이 불지 않으니 어쩔 것인가.

설령 바람이 분다 해도 어떤 날은 곧 그칠 바람이므로 배를 띄울 수 없다 하고, 또 어떤 날은 바람이 너무 강해 나로서도 배를 띄우자는 말을 꺼내기 힘들었다.

뭍에서였다면 앞뒤 안 가리고 떠났을 것이다. 산이 가로막으면 걸어서 넘으면 되고 날씨가 문제라면 무릅쓰면 될 일이다. 하지만 저 막막한 바다는 어찌 해 볼 도리가 없지 않은가!

보름 넘게 초조히 기다린 끝에 겨우 남동풍이 불어 주었다.

"다행히 바람이 좋아 빠른 시간에 갈 듯합니다."

사공이 초조한 내 마음을 위로해 주었다.

배 안에서 뒤를 돌아보니 한라산은 모처럼 구름 한 점 없이 맑은 모습인데, 어머님 걱정에 내 마음은 무겁기만 했다.

* 오기도 가기도 힘든 제주

옛날에는 제주도에 가는 것과 마찬가지로 집으로 돌아가는 일도 여간 힘든 게 아니었어. 바람에 의지해서 가야 하는데 바람이 뜻대로 불어 줘야 말이지.

1601년 제주도에 왔던 김상헌의 경우를 보면, 임무를 마치고 돌아가기 위해 조천관에 간 게 12월 27일인데 바람이 제대로 불지 않아 다음 달 25일에야 떠날 수 있었어. 한 달을 기다린 셈이지.

이제 우리의 탐라 기행도 끝이 났는데 집에 가는 데 얼마나 걸릴까? 한 시간? 두 시간? 길어야 한나절이려나?

제주목사와 함께 힘겹게 바닷길을 건너와 제주도를 한 바퀴 돌며 구석구석 살펴보았는데 제주도에 대해 조금이라도 더 알고 떠났으면 해.

지명도 죄 낯선 데다가 300년 전 이야기이다 보니 조금 어렵게 느꼈을지도 모르겠어. 하지만 잘 읽어 보면 현재와 이어지는 내용이 많으니, 제주도를 여행할 때 하나씩 비교해 보면 재미있을 거야. 다른 지역의 옛 모습과 어떻게 다르고 어떤 점이 같은지도 찾아보고 말이야.

찾아보기

10소장 202, 205

ㄱ

가파도 156, 161~162
감귤 209, 210, 212, 214, 217
「감귤봉진」 208
감귤 종류 210
감목관 193
갑마장 206, 207
객사 130~131
거문오름 용암 동굴계 99
건입포 42, 45
「건포배은」 111, 113
검은 소 194, 196, 197
고득종 201, 205~206
『고려사』 17, 47, 174, 178
고산리 유적지 18
고수목마 58, 199
고인돌 113, 162
「공마봉진」 192
공물 78, 193, 209, 215~217
곶자왈 158
곽지리 패총 204
관 87
관덕정 34, 38~39, 194
관탈도 188
광양 42~43
「교래대렵」 216
구시물 181
귤림당 34, 38, 51
귤림서원 46, 47
귤림추색 58
「귤림풍악」 213

근민헌 129
기건 목사 215
기로연 131
「김녕관굴」 90
김녕사굴 91~93, 96~99
김몽규 목사 132
김비의 188
김상헌 46, 222
김정 목사 81
김정(충암) 46, 69, 97
김정희(추사) 81, 169~171
김통정 181

ㄴ

남정 29
노인성 126
녹담만설 58

ㄷ

당처물동굴 99
대사례 107
대야수 185, 191
대정읍성 133, 168~169
「대정조점」 164
대정향교 165, 170
대정현 17, 146, 152, 165, 168, 171
대정현 객사 168
대학나무 217
'대한민국최남단' 비 162
덧무늬 토기 19
도근천 89, 175
도내 17
돌하르방 129, 130, 132~133, 169
돗통시 129
동굴집자리 112
동안경굴 114

ㅁ

마라도 156, 161~162
마량포구 197
만장굴 98~99
망경루 35, 38, 209
망궐례 130
명월성 173~174, 176~177
「명월조점」 172
모슬진 136, 166
모흥혈 43
목마장 125, 142, 193, 205
목사 36, 39, 78, 131, 142
목자 194, 197, 203
목호 136, 142
「몽유도원도」 206
무신 정권 180
문묘 41, 46, 126
문섬 136, 140~141
물질 30

ㅂ

박명단 목사 168
박연(얀 얀스 벨테브레) 187, 190
방호소 78, 80, 95, 104, 122, 214
배중손 181
백록담 60, 63~65, 159
범섬 136, 142, 143
벵뒤굴 99
별도포구 76, 78, 89
「별방시사」 100
별방진성 57, 101, 104~105
「병담범주」 50
병마수군절제사 36, 78
병마절제사 36
병문천 44, 175
봉수 76, 80, 84, 166
봉천수 117
비양도 174, 176~178
「비양방록」 176
비자림 216
빌레못 동굴 유적 18

ㅅ

사람 발자국 화석 163
사봉낙조 58
사장 202, 203
산마장 201, 206
산방굴사 58, 161, 170
「산방배작」 154, 161
산방산 57, 156, 158~160
「산장구마」 200
산지천 42, 44, 45
산천단 70~71
산포조어 58
『삼국사기』 16
삼다도 29
삼무도 28
삼별초 80, 142, 174, 175, 179~181
삼성사, 삼성전 49
삼성혈 47~49
삼신산 22
삼양동 유적지 19
삼을나묘 43, 49
새섬 136, 140
생수궤 유적 18
「서귀조점」 134
서귀진 135~140
서귀포 칠십 리 140
서귀포항 138~139
서련 판관 96~97
서불 86, 139, 149
서불과차 140, 149
서진노성 59
선임교 151
설문대할망 67~68, 160, 162
성산 57, 110, 117~119, 120~122
「성산관일」 116, 122
성산일출봉 120
성세기 해변 95, 96
성읍 민속 마을 128~130
성주 17

성판악 202
섶섬 136, 141
「세한도」 169~170
송악(송오름) 157
수군절제사 36
수산진 123, 125, 136
수산평 125, 205
수월봉 191
순력 73, 75, 131
숨비소리 30
쉐섬 112
스페르웨르호 190, 191
습마 193
시사(활쏘기 시험) 102
『신증동국여지승람』 132, 161, 168
심약 37
쌍벽정 85, 87~88

ㅇ

애월진 175, 179
양로 잔치 126, 130~132, 166
어룡굴 110, 114
어승마 196
연대 76, 80, 84, 166
연무정 42
연북정 85, 87, 88
연희각 34, 37
영곡(영실) 56, 57, 62, 68
영구춘화 58
영실 66~69
영주십경 56, 58
영주십이경 59
오름 22, 25, 80, 120, 201, 204
오백 장군 62, 67, 68
오현단 47, 206
온주밀감 212
왕자 17
외날찍개 18
외돌개 68, 142~143
용두암 53, 55, 160

용머리 156, 160, 191
용연 51, 52, 54~57
용연야범 59
용천동굴 98, 99
용추 55
우도 104, 109~115, 118
우도 목장 109, 111
「우도점마」 108
원 135
원장 202, 203
위리안치 170
유배 166~167, 169~171
유한명 목사 49
육계사주 122
을나 48~49, 205
을묘왜변 44
읍지 29
의문당 170, 171
이경록 목사 122, 176
이상적 169
이수동 목사 36, 49, 214
이아 39
이약동 목사 63, 70~71
이익태 목사 56, 60, 191
이형상 목사 113
인다수고의 고장 127, 131

ㅈ

잠녀 29, 53, 156
잠수 29
잣성 207
장군바위 68, 143
장림 목사 104, 176
장수물 181
장한철 189
전공지 178
전복 215
절제사 36
정낭 28
「정방탐승」 149

정방 폭포 58, 137, 145~146, 148~149
정방하폭 58
정운경 189
「정의양로」 124
정의읍성 126, 128~130, 133
정의현 17, 125, 138, 152
제주 무태장어 서식지 150
제주 향교 41, 46
제주마 198~199
제주목 17, 36, 41
제주목 관아 34, 36~38
제주목사 14, 16, 36, 73, 148, 216
「제주사회」 32
제주읍성 42, 44~47, 133
「제주조점」 40
제주특별자치도 17
제주판관 186, 193
조랑말 198
조랑말 박물관 207
조랑말 체험 공원 207
조방장 76, 136, 145
조천관 56, 57, 89, 222
「조천조점」 82, 88
조천진 84~88, 219
조천포 83, 194
존자암 62, 69~70
종묘제례 197
주간명월 114
『증보탐라지』 132
『지영록』 191
진 78
진상품 215
진해당 122
진해루 36

ㅊ

차귀진 185, 191
차비마 196
천신 209
「천연사후」 144

천제연 관개 수로 152~153
천제연 폭포 57, 146~147, 151~153
천지연 난대림 150
천지연 담팔수 자생지 150
천지연 폭포 139, 145~146, 149~151
청산 110, 122
초도(새섬) 140
최부 189
최영 장군 136, 142, 174
추자도 14, 188
출륙 금지령 89
취병담 51, 55, 56, 57

ㅌ

탐라 16, 212
『탐라문견록』 189
『탐라순력도』 122, 138, 140, 213
탐라십경도 56, 57
『탐라지』 140
탐라포정사 36
테우리 197~198

ㅍ

판관 16, 17, 39, 142
팔관회 212
표류 185, 187, 188~190
『표해록』 189

ㅎ

하도리 철새 도래지 100
『하멜 표류기』 184, 190, 191
하멜 표류 기념비 191
한라산 22, 61~69, 160
「한라장촉」 89, 218
한상묵 목사 81
한천 51, 54, 55, 175
항몽 유적지 181
항파두 175, 179

해녀 30, 31, 50, 215
해녀 박물관 31
해녀 항일 운동 기념탑 31
해신사 81
향교 46
향사당 106, 107
향사례 107
향현사 206
헨드리크 얌센 185
현무암 26
「현폭사후」 147, 151
혈망봉 63, 65
형제섬 156, 161
「호연금서」 12
홍로천 135, 139
홍화각 34, 37
「홍화각기」 206
「화북성조」 74
화북진 76, 78~79
화북포구 21, 76, 78, 81, 83, 88
환해장성 79~80
활쏘기 38, 102, 105~107, 147, 151, 166, 173
황감제 212
황룡사 구층 목탑 16

사진 제공 및 출처

18쪽 빌레못 동굴 갈색곰 뼈 영남대학교 박물관

18쪽 외날찍개 국립제주박물관

19쪽 고산리 덧무늬 토기와 토기 조각 국립제주박물관

24-25쪽 오름 guideline/Shutterstock.com

26쪽 현무암 김은하

26쪽 돌담 제주특별자치도청

28쪽 정낭 한국학중앙연구원

30쪽 해녀 zkruger/Shutterstock.com

31쪽 해녀 박물관 외부 EQRoy/Shutterstock.com

31쪽 해녀 박물관 내부 위키피디아

37쪽 복원된 제주목 관아 국립제주박물관

39쪽 관덕정 김은하

45쪽 제주성의 성벽 Ray Jeong/Shutterstock.com

47쪽 오현단 김은하

47쪽 귤림서원 장수당 김은하

48쪽 삼성혈 연합포토

54쪽 용연 Tanwa Kankang/Shutterstock.com

55쪽 용두암 Tanwa Kankang/Shutterstock.com

57쪽 『탐라십경도』 국립민속박물관

58쪽 성산일출 Noppasin Wongchum/Shutterstock.com

59쪽 귤림추색 zkruger/Shutterstock.com

59쪽 고수목마 kim seong hun/Shutterstock.com

60쪽 『탐라십경도』「백록담」 국립민속박물관

64쪽 백록담 Tanwa Kankang/Shutterstock.com

66-67쪽 영실의 기암들 문화재청

70쪽 존자암 문화재청

71쪽 산천단 제단 김은하

79쪽 화북진성 문화재청

79쪽 환해장성 문화재청

80쪽 조천연대 김은하

86쪽 조천진성 김은하

87쪽 조천진의 연북정 연합포토

94-95쪽 성세기 해변 JIPEN/Shutterstock.com

97쪽 서련 판관 사적비 김은하

98쪽 김녕사굴 문화재청

98쪽 용천동굴 문화재청

104쪽 별방진 문화재청

106쪽 향사당 김은하

112쪽 우도 위키피디아

114쪽 달그리안 해식동굴 연합포토

115쪽 동안경굴 음악회 연합포토

120-121쪽 성산일출봉과 우도 CJ Nattanai/Shutterstock.com

123쪽 하늘에서 본 성산일출봉 Adib Harith/Shutterstock.com

128쪽 정의읍성 남문 김은하

129쪽 정의읍성 안의 초가집 URAIWONS/Shutterstock.com

131쪽 정의읍성 객사 ©우리땅모두밟기 김영민

133쪽 제주읍성 관덕정 돌하르방 김은하

133쪽 정의읍성 남문 돌하르방 김은하

133쪽 대정읍성 돌하르방 김은하

138쪽 서귀포항 oadtz/Shutterstock.com

141쪽 새섬, 섶섬, 문섬 김은하

143쪽 외돌개와 범섬 김은하

148쪽 정방 폭포 Jaione_Garcia/Shutterstock.com

150쪽 천지연 폭포 Stella_E/Shutterstock.com

152쪽 천제연 폭포 Future Hope/Shutterstock.com

153쪽 천제연 폭포 관개 수로 김은하

158쪽 산방산 Noppasin Wongchum/Shutterstock.com

159쪽 용머리 해안 Loes Kieboom/Shutterstock.com

163쪽 사람 발자국 화석지 문화재청

168쪽 대정읍성의 복원된 남문 김은하

168쪽 대정현 객사 건물 김은하

170쪽 김정희 초상화 위키피디아

171쪽 대정향교의 대성전과 의문당 김은하

177쪽 비양도 JIPEN/Shutterstock.com

184쪽 『하멜 표류기』 그림 연합포토

191쪽 하멜 표류 기념비 김은하

196쪽 제주마 JIPEN/Shutterstock.com

196쪽 검은 소 연합포토

204쪽 제주마방목지 The Kimmi/Shutterstock.com

207쪽 잣성 김은하

216쪽 비자림 JIPEN/Shutterstock.com

지식의 힘 09

탐라순력도 따라 제주 역사 여행

초판 1쇄 발행 2018년 11월 15일 **초판 4쇄 발행** 2024년 4월 30일

글 김은하 **그림** 김홍모
펴낸이 최순영

교양 학습 팀장 김솔미 **편집** 김민정
키즈 디자인 팀장 이수현 **디자인** 조희정

펴낸곳 ㈜위즈덤하우스 **출판등록** 2000년 5월 23일 제13-1071호
주소 서울특별시 마포구 양화로 19 합정오피스빌딩 17층
전화 02) 2179-5600
홈페이지 www.wisdomhouse.co.kr **전자우편** kids@wisdomhouse.co.kr

ⓒ 김은하 2018
ISBN 978-89-6247-973-7 73910

* 이 책에 실린 『탐라순력도』는 제주특별자치도 세계유산본부의 허락을 받아 사용했습니다.
* 이 책의 전부 또는 일부 내용을 재사용하려면 반드시 사전에 저작권자와
  ㈜위즈덤하우스의 동의를 받아야 합니다.
* 인쇄·제작 및 유통상의 파본 도서는 구입하신 서점에서 바꿔드립니다.
* 책값은 뒤표지에 있습니다.
* 이 책의 사용 연령은 8~13세입니다.